# I luoghi della sepoltura a Taranto

necropoli, tombe a camera e ipogei funerari
dall'età arcaica all'epoca paleocristiana

# The burial sites in Taranto

necropolises, chamber tombs and funeral hypogea
from the archaic period to the palaeochristian age

Donato Cosenza

© 2019 Donato Cosenza. Tutti i diritti riservati.
donatocosenza67@gmail.com
www.donatocosenza.com

Revisione del testo: Dott.ssa Serena Alcione

Traduzione in inglese: Dott.ssa Daniela Selisca

Redazione, composizione e impaginazione LaTeX: Mario Maio (mario.maio@aruba.it)

Pubblicato da CICOP Italia ONLUS
Centro Internazionale per la Conservazione del Patrimonio Architettonico - Italia - ONLUS
http://brau.cicop.it
http://www.cicop.it
info@cicop.it

Pubblicato nel 2019
Edizione numero 1

ISBN 978-88-943862-0-2

Immagine di copertina: *necropoli di via Marche a Taranto (foto dell'autore su concessione del Ministero per i Beni e le Attività Culturali - Soprintendenza archeologica delle arti e paesaggio per le province di Brindisi, Lecce e Taranto).*

Nota: *tutte le immagini presenti nel seguente volume sono regolamentate come indicato nella pagina delle* Fonti delle illustrazioni.

© 2019 Donato Cosenza. All rights reserved.
donatocosenza67@gmail.com
www.donatocosenza.com

Text revision: Dr. Serena Alcione

Translation in English: Dr. Daniela Selisca

LaTeX printing layout, typesetting and editing: Mario Maio (mario.maio@aruba.it)

Pubblished by CICOP Italia ONLUS
Centro Internazionale per la Conservazione del Patrimonio Architettonico - Italia - ONLUS
http://brau.cicop.it
http://www.cicop.it
info@cicop.it

Published in 2019
Edition number: 1

ISBN 978-88-943862-0-2

Cover image: *necropolis of via Marche in Taranto (author's photo upon permission of the Ministry for Cultural Heritage and Activities - Archaeological Superintendence of Arts and Landscape for the provinces of Brindisi, Lecce and Taranto).*

Notice: *all images in the following volume are regulated as indicated in the page of the* Sources of illustrations.

*Il presente volume viene presentato all'interno del 3° Congresso Internazionale sui Cimiteri Monumentali e Multiculturali (`www.cicop.it/mmc/`) di Torino (23-24 aprile 2019) e Firenze (26-27-28 aprile 2019), come nuova iniziativa editoriale del CICOP Italia ONLUS.*

*This volume is introduced at the 3$^{rd}$ International Congress on Monumental and Multicultural Cemeteries (`www.cicop.it/mmc/`) of Turin (23-24 april 2019) and Florence (26-27-28 april 2019), as a new editorial initiative of CICOP Italia ONLUS.*

Con il contributo di / Sponsored by:
R. R. RESTAURI di Romei Riccardo
Via Carletti n. 11, 50145 Firenze (Italy)
`info@r-r-restauri.it`

# Sommario

**Premessa**   1

**1 I luoghi della sepoltura a Taranto**   6

**2 Dall'età arcaica all'età ellenistica**   10
    Il rito funebre nel mondo greco . . 17
    2.1 La necropoli di via Marche . . 18
    2.2 La tomba degli atleti . . . . . 22
    2.3 La tomba a camera di piazza Pio XII . . . . . . . . . . . . 27
    2.4 L'ipogeo funerario di via Pasubio 32
    2.5 Le tombe gemine di via Umbria 35
    2.6 La tomba dell'atleta . . . . . 40

**3 L'epoca romana e paleocristiana**   42
    Il rito funebre nel mondo romano e paleocristiano . . . . . . . . . 48
    3.1 L'ipogeo Delli Ponti . . . . . . 51
    3.2 La cripta del Redentore . . . . 52
    3.3 L'ipogeo di via Cava . . . . . 55
    3.4 La necropoli di Piazza d'Armi 59

**Fonti delle illustrazioni**   67

**Bibliografia**   68

# Contents

**Foreword**   1

**1 The burial sites in Taranto**   6

**2 From the archaic period to the hellenistic period**   10
    The funeral rite in the greek world   17
    2.1 The necropolis of via Marche . 18
    2.2 The tomb of the athletes . . . 22
    2.3 The chamber tomb of piazza Pio XII . . . . . . . . . . . . 27
    2.4 The funerary hypogeum of via Pasubio . . . . . . . . . . . . 32
    2.5 The twin tombs of via Umbria 35
    2.6 The tomb of the athlete . . . 40

**3 The roman and palaeochristian period**   42
    The funeral rite in the roman and palaeochristian world . . . . . 48
    3.1 The Delli Ponti hypogeum . . 51
    3.2 The crypt of the Redeemer . . 52
    3.3 The hypogeum of via Cava . . 55
    3.4 The necropolis of Piazza d'Armi 59

**Sources of illustrations**   67

**References**   68

# Premessa

Il tema della sepoltura dei defunti è sempre stato estremamente caro al genere umano e ogni cultura umana, in qualsiasi epoca storica e a qualsiasi latitudine essa sia nata e si sia successivamente sviluppata, si è occupata di individuare – per i propri defunti – un luogo "sacro" destinato al riposo eterno.

Molteplici e dissimili sono i luoghi della sepoltura che l'uomo ha individuato e scelto e differenziate le tipologie di sepoltura che ha praticato nel corso della sua lunga storia.

Sembra che il primo a praticare riti funebri sia stato l'uomo di Neanderthal tra Europa, Asia ed Africa, mediante l'inumazione in fosse di forma ovale in cui inserisce un piccolo corredo funerario formato da oggetti di uso comune in pietra, piccole sculture, oltre a una certa quantità di cibo; le fosse vengono poi ricoperte con una lastra di pietra per tenere lontano gli animali selvatici. Preso atto della limitatezza dell'esistenza, gli uomini cominciano a credere nell'esistenza dell'aldilà governata da forze esterne. La comparsa del senso di trascendenza implica che la morte non sia più un fatto casuale e le sepolture – seppur "primitive" – diventano una vera e propria espressione di civiltà, coinvolgendo l'intera comunità.

In origine l'uomo dell'età della pietra comincia a utilizzare i tumuli per coprire le sepolture: la loro struttura, nel corso dei secoli, durante le successive età del rame e del bronzo, viene modificata e si trasforma in camere funerarie vere e proprie in cui il defunto riposa assieme ai suoi oggetti più cari e importanti. I tumuli possono essere definiti come delle collinette artificiali fatte di terra e roccia posti

# Foreword

The theme of the burial of the dead has always been extremely dear to mankind; every human culture, whatever the time in human history and the latitude where it was born and subsequently has developed, has identified – for its dead – a "sacred" place for eternal rest.

Throughout its long history mankind has identified and chosen multiple and dissimilar burial sites, and have differentiated the types of burial they have practiced.

It seems that the first to perform funeral rites were the Neanderthals in Europe, Asia and Africa, through the inhumation in oval graves in which they inserted a small set of grave goods consisting in objects of common use in stone, small sculptures, and a certain amount of food; the graves were then covered with a slab of stone to keep the wild animals away. Having acknowledged the finiteness of existence, mankind begins to believe in the existence of an afterlife, ruled by external forces. The appearance of the sense of transcendence implies that death is no longer a casual fact and the burials – albeit "primitive" – become a true expression of civilization, involving the whole community.

Originally the Stone Age man begins to use mounds to cover the burials: over the centuries their structure, during the later Copper and Bronze ages, is modified and changes into real burial chambers in which the deceased rest together with their dearest and most important objects. The mounds can be defined as circular or elliptical artificial hills made of earth and rock and placed above the burials, which can be single or multiple: it is possible to find these types of simple burials through-

al di sopra delle sepolture – singole o multiple – a forma circolare o ellittica: è possibile trovare questi tipi di sepolture semplici in gran parte del mondo.

In Egitto, ai piedi delle piramidi, cioè alle tombe dei faraoni, incominciano a prendere corpo le necropoli, formate da tombe minori di aspetto più modesto e, in generale, molto meno monumentale delle complesse architetture delle piramidi; costruite secondo allineamenti regolari, ospitano i cortigiani, i favoriti e i funzionari del faraone. All'interno delle stanze in cui viene alloggiato il sarcofago raffigurante il defunto, vengono depositati gioielli, effetti personali del defunto e cibo. Lontano dalle zone delle piramidi e delle necropoli che si estendono intorno ad esse, si trovavano i depositi sepolcrali assai modesti del popolo, costituiti da sepolture nella nuda terra, con le salme rannicchiate e avvolte in semplici stuoie, corredate da semplici oggetti di uso quotidiano.

Nella civiltà etrusca, prima dell'VIII sec. a.C., è diffusa la sepoltura in semplici pozzi contenenti le ceneri del defunto (tombe a pozzo), sostituita ben presto dalla tomba a fossa destinata all'inumazione del cadavere. Un secolo dopo verrà introdotta la tomba a camera, struttura sepolcrale più complessa – di cui tratteremo ampiamente in seguito – che raggiungerà livelli architettonici e artistici molto importanti; in molti casi in essa si seppellisce un'intera famiglia, per cui spesso è formata da più camere collegate da corridoi e arricchite da corredi funebri preziosi a denotare lo stato sociale della famiglia. La sapiente tecnica costruttiva degli etruschi ha permesso che arrivassero fino a noi le splendide architetture delle coperture ad arco e a volta di mattoni e pietra di molte tombe a camera.

Per i greci – come per i romani – la sepoltura è estremamente importante tanto che il defunto che non ha avuto la possibilità di riceverla è destinato a vagare senza meta in una out most of the world.

In Egypt, at the foot of the pyramids – the tombs of the pharaohs – the necropolises begin to take shape, formed by smaller tombs with a more modest appearance and, in general, much less monumental than the complex architecture of the pyramids; built according to regular alignments, these necropolises host the courtiers, the favourites and the officials of the pharaoh. In the rooms where the sarcophagus depicting the deceased is lodged, jewels, personal belongings of the deceased and food are stored. Far from the areas of the pyramids and the necropolises extending around them, there were the humble burial deposits of the common folk, consisting of burials in the bare earth, where the corpses lay huddled and wrapped in simple mats, accompanied by simple everyday objects.

The Etruscan civilization, before the eighth century BCE, widely used burials in simple wells containing the ashes of the deceased (well tombs), soon replaced by the pit tombs destined to the interment of the corpse. A century later, the chamber tomb will be introduced, a more complex sepulchral structure – which we will widely discuss later – that will reach very important architectural and artistic levels; in many cases it serves as burial for an entire family, so it often consists of several rooms connected by corridors and enriched with precious grave goods which denote the social status of the family. Thanks to the skilful construction technique of the Etruscans, we can today admire the splendid architectures of the arched and vaulted brick and stone roofing of many chamber tombs.

Both the Greeks and the Romans consider the burial so important that the deceased who has not had the opportunity to be given one is destined to wander aimlessly in an underground area outside the realm of the dead. Whereas the Greek custom allowed for the interment of the dead even within the city

zona sotterranea al di fuori del regno dei morti. Per i romani, contrariamente all'usanza greca di seppellire i defunti anche all'interno delle città e anche senza un ordine prestabilito, entro i confini dell'urbe non devono esserci sepolture; le necropoli [1] infatti, si trovano al di fuori delle mura cittadine in aree nettamente distinte e delimitate. Alcune di esse sono progettate come veri e propri complessi architettonici e urbanistici, con attenzione all'assetto viario e all'orientamento, così come accadeva anche in alcune necropoli etrusche: basti pensare, tanto per citare le più importanti, a Tarquinia e a Cerveteri. Il rispetto per i defunti è talmente grande che si svolge una cerimonia funebre molto simile a quella che, in seguito, avrebbero adottato i cristiani.

Sin dagli albori del cristianesimo, i fedeli attendono la risurrezione dei morti, così come Gesù è risorto dopo la morte: per questo la Chiesa ha sempre preferito l'inumazione dei defunti, cioè la sepoltura nella terra, quale segno di attesa della risurrezione. Si sono adottate e si adottano ancora oggi la tumulazione in loculi o in sepolcri di famiglia ma la forma di sepoltura preferita rimane comunque l'inumazione. Non c'è mai stata, in realtà, la proibizione di bruciare i corpi dei defunti, cioè di praticare la cremazione, fino al divieto – palesato in tempi recenti – codificato nel Codice di Diritto Canonico del 1917. Il motivo di tale divieto risale al 1700 quando le logge massoniche anticlericali sostenevano la cremazione per negare la fede cristiana nella risurrezione dei morti; nel 1963, però, la congregazione del Sant'Uffizio la permise anche ai cristiani in quanto «come non tocca l'anima, e non impedisce all'onnipotenza divina di ricostruire il corpo, così non contiene, in sé e per sé,

---

[1] Il termine "necropoli" è generalmente usato per individuare un gruppo di sepolture appartenenti all'età precristiana; dopo l'avvento del cristianesimo si è cominciato ad usare il termine "cimitero" per esprimere lo stesso concetto.

and without a pre-established order, within the Roman city boundaries there could not be burials; in fact, the necropolises[1] are located outside the city walls in clearly distinct and defined areas. Some of them are designed as real architectural and urban complexes, with a well-studied road system and orientation, as was also the case in some Etruscan necropolises: in Tarquinia and Cerveteri, just to mention the most important ones. The respect for the dead is so great that the funeral ceremony is very similar to the one that the Christians would adopt later.

Since the dawning of Christianity, the worshippers await the resurrection of the dead, just as Jesus rose after his death: this is why the Church has always preferred the burial of the dead, i.e. the interment in the earth, as a sign of the awaiting of the resurrection. Though the entombment in burial recesses or in family tombs has been adopted and is still adopted today, the preferred burial is nonetheless the interment. Actually, there had never been a prohibition to burn the bodies of the dead, i.e. to cremate them, until the ban codified in the Code of Canon Law of 1917 and just recently discovered. The reason for the ban dates back to the eighteenth century, when the anticlerical Masonic lodges supported the cremation to deny the Christian belief in the resurrection of the dead; in 1963, however, the congregation of the Holy Office allowed it also to Christians because «just as it does not touch the soul and does not prevent the divine omnipotence to rebuild the body, it does not contain, in itself and for itself, the objective denial of those dogmas». Therefore the current Canon Law, promulgated in 1983, reaffirms that «The Church earnestly recommends that the pious custom

---

[1] The term "necropolis" is generally used to identify a group of burials belonging to the pre-Christian period; after the advent of Christianity, the term "cemetery" was used to express the same concept.

l'oggettiva negazione di quei dogmi». Perciò nell'attuale Diritto Canonico, promulgato nel 1983, si ribadisce che «la Chiesa raccomanda vivamente che si conservi la pia consuetudine di seppellire i corpi dei defunti», ma si sottolinea che essa «non proibisce la cremazione a meno che questa non sia stata scelta per ragioni contrarie alla dottrina cristiana» [2].

L'usanza dei primi cristiani di scavare fosse molto profonde, nelle quali deporre un cadavere sopra l'altro separati da una lapide, oppure fosse molto larghe in cui deporli uno accanto all'altro, viene sostituita dalle sepolture in tombe intagliate nella roccia, secondo la consuetudine ebraica, o costituite da un'unica camera sotterranea. Mancano ancora dei veri e propri cimiteri cristiani. Col tempo, le tombe diventano luoghi di ritrovo, soprattutto se in esse vi è deposto un martire.

A causa delle sempre più numerose conversioni al cristianesimo, oltre che per il desiderio di essere seppelliti più vicino possibile ai martiri, è necessario predisporre un'area per la sepoltura: il cimitero. Questo desiderio nasce anche dall'idea che il martire, avendo già raggiunto Dio, può intercedere per gli altri defunti al fine di ottenere la stessa beatitudine. I più famosi cimiteri sono le catacombe.

Le catacombe sorgono nel II secolo e vengono ampliate nel III secolo da professionisti chiamati *fossores*. Essi sfruttano terreni adatti, generalmente di tufo, che consentano uno scavo agevole e una tenuta sicura. Utilizzano pozzi già esistenti per intagliare le scale d'accesso che permettano di aerare e illuminare parzialmente le gallerie, ma anche per portare in superficie il materiale scavato. In molti casi le gallerie delle catacombe formano una rete sotterranea molto articolata e fitta, come nel caso delle catacombe romane che contano una viabilità sotterranea di oltre 200 km.

of burying the bodies of the deceased be observed», but it emphasise that «the Church does not prohibit cremation unless it was chosen for reasons contrary to Christian doctrine»[2].

The first Christians use to dig very deep graves in which they lay the corpses one on top of the other separated by a tombstone, or very large graves in which they lay them next to each other; later, this custom is replaced by burials in tombs dug in the rock, according to the Jewish custom, or consisting of a single underground chamber. There are still no real Christian cemeteries. Over time, the graves become meeting places, especially if they house a martyr.

Because of the increasing number of conversions to Christianity, as well as the desire to be buried as close as possible to the martyrs, it is necessary to prepare an area for the burial: the cemetery. This desire arises also from the idea that the martyr, having already reached God, can intercede for the other deceased in order to obtain for them the same beatitude. The most famous cemeteries are the catacombs.

The catacombs appear in the second century and are enlarged in the third century by professionals called *fossores*. They take advantage of suitable soils, usually tuff, which allow an easy excavation and a secure hold. They use existing wells to carve the access stairs that allow to ventilate and partially illuminate the tunnels, but also to take to the surface the excavated material. In many cases the tunnels of the catacombs form a very articulate and dense underground network, as in the case of the Roman catacombs that count more than 200 km of underground road network.

The tombs are cavities carved in the walls of the tunnels (burial recesses), in which the

---

[2] *Codice di Diritto Canonico*, libro IV, parte II, titolo III "Le esequie ecclesiastiche" (Cann. 1176-1185).

[2] *Code of Canon Law*, book IV, part II, title III. Ecclesiastical funerals (Cann. 1176 - 1185).

Le tombe sono delle cavità intagliate nelle pareti delle gallerie (loculi), in cui il corpo del defunto viene adagiato e avvolto in un lenzuolo di lino. L'apertura si chiude con mattoni e pietre di marmo, alcune volte provenienti da tombe pagane, su cui vengono incise delle iscrizioni o dei segni di riconoscimento. Oltre ai loculi vi sono i *cubicula* per intere famiglie. In questo caso i loculi sono intagliati nelle pareti della stanza o sul pavimento e si corredano di affreschi e iscrizioni.

Tombe ancora più elaborate sono le *arcosolia*, cavità a forma di sarcofago sormontate da nicchie a forma di arco. A seconda delle possibilità economiche della famiglia del defunto si utilizzano sarcofagi di marmo o terracotta.

Inizialmente, seguendo l'uso pagano, i cristiani fanno costruire accanto alle tombe una cella per i banchetti funebri, da celebrare negli anniversari del defunto. Il banchetto viene chiamato *refrigerium*. Attraverso esso si onora la memoria del defunto e si cerca di ottenere per lui intercessione presso Dio.

Col tempo il *refrigerium* viene soppresso e rimane solo la celebrazione dell'Eucaristia. La cella alcune volte viene modificata e ingrandita, divenendo una vera e propria Basilica, oppure incorporata in una chiesa cimiteriale più grande.

A differenza dei pagani, i primi cristiani non rimpiangono la vita, anzi, sono protesi verso il cielo. Nelle iscrizioni delle catacombe si leggono auguri di pace (*pax tecum, in pace, cum angelis*), o di vita (*Viva in aeternum, in pace Dei, cum Christo*). Spesso l'auspicio è di refrigerio (il Signore dia refrigerio al tuo spirito).

Le catacombe funzionano come cimiteri regolari fino all'inizio del V secolo, quando la Chiesa ritorna a seppellire esclusivamente sulla terra o nelle basiliche dedicate ai martiri più importanti. Con le invasioni dei barbari che saccheggiano anche le catacombe, la Chiesa decide, verso la fine dell'VIII secolo,

body of the deceased is laid down and wrapped in a linen sheet. The opening is closed with bricks and marble stones – sometimes taken from pagan tombs – engraved with inscriptions or signs of recognition. In addition to the burial recesses there are *cubicula* for entire families. In this case the recesses are carved in the walls of the room or in the floor and are accompanied by frescoes and inscriptions.

Even more elaborate tombs are the *arcosolia*, cavities in the shape of a sarcophagus surmounted by arch-shaped niches. Depending on its means, the deceased's family used marble or terracotta sarcophagi.

Initially, following the pagan use, Christians build a cell next to the tombs, for the funeral banquets to be celebrated on the deceased's anniversaries. The banquet is called *refrigerium*. It is a means to honour the memory of the deceased and to obtain intercession with God for him.

Over time the *refrigerium* is abolished and only the celebration of the Eucharist remains. The cell is sometimes modified and enlarged, becoming a real Basilica, or is incorporated into a larger cemetery church.

Unlike the pagans, the early Christians do not miss life, on the contrary, they tend to heaven. The inscriptions of the catacombs include wishes for peace (*pax tecum, in pace, cum angelis*), or for life (*Viva in aeternum, in pace Dei, cum Christo*). Often the wish is for refreshment (may the Lord give refreshment to your spirit).

The catacombs serve as regular cemeteries until the beginning of the fifth century, when the Church resumes burying exclusively above ground or in the basilicas dedicated to the most important martyrs. When the barbarians in their invasions loot also the catacombs, the Church decides, towards the end of the eighth century, to transfer the relics of the saints and martyrs to the city churches for security reasons.

di trasferire le reliquie dei santi e dei martiri nelle chiese di città per motivi di sicurezza.

Questa usanza persiste sino all'epoca barocca; la Chiesa oggi vieta tale uso, demandando ai cimiteri urbani tale prerogativa, come prescrive la legge italiana.

Data l'importanza che il culto dei morti e le credenze dell'aldilà hanno avuto attraverso i secoli, i complessi sepolcrali hanno costituito e costituiscono le più ricche fonti intorno alla civiltà, alla religione e alla vita privata degli antichi. Senza lo studio e l'esplorazione delle necropoli, l'archeologia sarebbe ancora molto lontana dalla ricchezza e dalla sicurezza dei risultati ottenuti.

This custom persists until the Baroque period; the Church today prohibits such practice, leaving this prerogative to the urban cemeteries, as prescribed by Italian law.

Given the importance that the cult of the dead and the beliefs of the afterlife have had through the centuries, the burial complexes have constituted and constitute today the richest sources in relation to the civilization, the religion and the private life of the ancients. Without the study and exploration of the necropolises, archaeology would still be very far from the wealth and certainty of its obtained results.

# 1 I luoghi della sepoltura a Taranto

I nuovi coloni spartani che fondano la città di Taranto nel 706 a.C. suddividono il territorio appena colonizzato e sottratto agli Iapigi – popolazione proveniente dalla penisola balcanica e che in quelle aree si era insediata – in quattro zone funzionali: Acropoli, Agorà, centro abitato residenziale e Necropoli, ricalcando la medesima organizzazione urbanistica delle *poleis* della madrepatria Grecia.

La necropoli, attenendosi al modello della madrepatria, viene collocata al di fuori dell'abitato ed è suddivisa in lotti distinti, privilegiando la continuità familiare delle sepolture, anche a discapito di precedenti sepolture che vengono talvolta fortemente danneggiate o completamente distrutte.

Durante l'intero periodo greco, il rituale fu-

# 1 The burial sites in Taranto

The new Spartan settlers who found the city of Taranto in 706 BCE subdivide the newly colonized territory seized from the Iapyges – population coming from the Balkan peninsula and settled in those areas – in four functional areas: Acropolis, Agora, residential settlement and Necropolis, following the same urban planning of the Greek motherland *poleis*.

The necropolis, following the model of the motherland, is located outside the inhabited area and is divided into separate lots, favouring the family continuity of the burials, even to the detriment of previous burials that are sometimes strongly damaged or completely destroyed.

During the whole Greek period, the favourite funeral ritual is the burial of the dead, while the findings of cremation burials are very rare, more widely used in later times (Roman and Palaeochristian).

Fig. 1: Ricostruzione della città greco-romana con indicazione dei siti archeologici. — Reconstruction of the Greco-Roman city with indication of archaeological sites. 1 - Necropolis of via Marche. 2 - Tomb of the athletes. 3 - Tomb of piazza Pio XII. 4 - Tomb of Via Pasubio. 5 - Tomb of via Sardegna. 6 - Crypt of the Redeemer. 7 - Delli Ponti hypogeum. 8 - Hypogeum of via Cava. 9 - Archaeological Museum (MarTA). [Abitato greco-romano = Greek-roman inhabited area / Acropoli / Agorà = Agora / Anfiteatro = Amphitheatre / Area pubblica romana = Roman public area / Cinta muraria = City walls / Porto = Port / Tempio = Temple / Tempio dorico = Doric temple]

nerario preferito è quello dell' inumazione dei defunti, mentre assai rari sono i ritrovamenti di sepolture a incinerazione, più largamente utilizzate in epoca successiva (romana e paleocristiana).

Nella splendida necropoli di via Marche – dove sono state riportate alla luce circa 140 tombe appartenenti a un arco temporale lungo oltre 5 secoli – la distribuzione delle sepolture sembra rispettare due assi viari in direzione nord sud ed est ovest, quest'ultimo identificabile con una vera e propria *plateia* (la "via larga" delle *poleis* greche); l'esistenza degli assi viari con molta probabilità era già presente nell'urbanistica della città arcaica.

Qui si concentrano diverse tipologie di tombe: dalle tombe a sarcofago, realizzate con un unico blocco di carparo e poi deposte nella terra o nel banco roccioso, a quelle a fossa, semplicemente scavate nella terra o nella roccia oppure rivestite da lastre di carparo, il più delle volte caratterizzate da una copertura a doppio lastrone a superfici piane o a spiovente, fino alle più "lussuose" tombe a camera, dipinte e finemente decorate, collocate nelle posizioni più privilegiate, nei pressi degli incroci degli assi stradali[1].

Tra i non molti ritrovamenti paleocristiani si è conservato un ipogeo funerario datato IV-V sec. d.C. nella centralissima via di Mezzo (l'ipogeo Delli Ponti), contenente dieci tombe ad arcosolio, disposte lungo le pareti, e undici tombe a fossa, ricavate nella roccia.

La Cripta del Redentore, ritrovata in via Terni, consiste in una tomba a camera romana dell'età imperiale in cui, secondo la tradizione, si celebrò il primo culto cristiano secondo la liturgia bizantina. Lungo le pareti della cripta, delle nicchie ospitano le urne contenenti le ceneri del defunto.

---

[1] Coop Novelune scarl, *Itinerari archeologici: Taranto Greca e Romana*, 2013, Scorpione editrice.

In the splendid necropolis of via Marche about 140 tombs belonging to a timespan longer than 5 centuries have been unearthed. There, the distribution of the burials seems to follow two road axes in a north-south and east-west direction, the latter identifiable with a veritable *plateia* (the "broad way" of the Greek *poleis*); the road axes probably already existed in the urban planning of the archaic city.

Different types of tombs are gathered here: from the sarcophagus tombs, made with a single block of *carparo* and then laid in the ground or in the rocky bank; to the pit tombs, simply dug into the earth or in the rock, or covered with *carparo* slabs, most commonly characterized by a double slab covering with flat or sloping surfaces; up to the more "luxurious" chamber tombs, painted and finely decorated, placed in the most privileged positions, near the intersections of the road axes[1].

Among the not many palaeochristian findings, in the central via di Mezzo there is a funerary hypogeum dated forth-fifth century CE (the Delli Ponti hypogeum), containing ten arcosolium tombs, arranged along the walls, and eleven pit tombs, dug into the rock.

The Crypt of the Redeemer, found in via Terni, consists of a Roman chamber tomb of the imperial age in which, as tradition has it, the first Christian cult was celebrated according to the Byzantine liturgy. Along the walls of the crypt, some niches house the urns containing the ashes of the deceased.

The tradition of *intra moenia* burials in the Tarantine churches dates back to the Middle Age, as well as throughout the Christian world; as we have seen, Christianity initially does not allow burials in churches, but later it will be the churches hosting them: in the

---

[1] Coop Novelune scarl, *Itinerari archeologici: Taranto Greca e Romana*, 2013, Scorpione Editrice.

La tradizione delle sepolture nelle chiese tarantine *intra moenia* risale ai tempi del medioevo, così come in tutto il mondo cristiano; come abbiamo visto inizialmente il cristianesimo non ammette la sepoltura nelle chiese, mentre in seguito saranno proprio le chiese ad ospitarle: nella chiesa, nel chiostro, definito talvolta ossario e nelle zone limitrofe consacrate. Le sepolture avvengono *ad sanctos et apud ecclesiam* (vicino ai santi e presso le chiese).

Più la sepoltura è vicina alle reliquie, più viene valutata; i santi hanno le loro cappelle o vengono posti sotto gli altari e chi poteva permetterselo chiedeva di essere sepolto nelle chiese vicino a un Santo, a determinate immagini sacre o in un punto preciso del cimitero esterno. I ricchi riescono perciò ad essere seppelliti sotto il pavimento della chiesa, mentre i poveri giacciono in fosse comuni nel recinto esterno e attorno alle mura. Le chiese coincidono talmente con il cimitero, che a volte si allontanano gli altari per lasciare spazio alle tombe[2]; si seppellisce quindi dentro le chiese e anche all'esterno, nello spazio circostante[3].

Tuttavia la sepoltura all'interno della chiesa o nel ristretto spazio circostante entra in crisi profonda in occasione di epidemie che rendono necessari improvvisi e ampi spazi di sepoltura, veri e propri pozzi in cui ammassare i cadaveri. Ad ogni modo la chiesa come luogo preferito di sepoltura resisterà ancora per alcuni secoli, fino all'800, quando di fronte a problemi di igiene legati alla morte verrà soppiantata dal cimitero moderno. Non va dimenticato che sino all'epoca tardo barocca le chiese sono luoghi affollati, ospitano perfino

church, in the cloister – sometimes called ossuary – and in the adjacent consecrated areas. The burials take place *ad sanctos et apud ecclesiam* (near the saints and at churches).

The more the burial is close to the relics, the more it is evaluated; the saints have their chapels or are placed under the altars, and those who could afford it asked to be buried in churches near a Saint, near certain sacred images or in a specific point of the outer cemetery. The rich can therefore be buried under the floor of the church, while the poor lie in mass graves in the outer enclosure and around the walls. The churches coincide so much with the cemetery, that sometimes the altars are removed to make room for the tombs[2]; the burial therefore takes place both inside the churches and outside, in the surrounding area[3].

However, the burial inside the church or in the limited surrounding area lapses into decline during epidemics that require sudden and wide burial spaces, veritable wells in which to pile up the corpses. In any case, the church will still remain the favourite burial site for a few centuries, up to the nineteenth century when, faced with hygiene problems connected to death, it will be supplanted by the modern cemetery. It should not be forgotten that until the late Baroque period churches are crowded places, they even house markets, and everything takes place among bones and precarious burials. The new nineteenth-century cemetery has the characteristic of being monumental, overflowing with statues, status symbols of bourgeois families, and

---

[2] Dello stesso autore, "Quando le Chiese di Taranto erano anche luoghi di sepoltura: le Chiese intra moenia", pubblicato negli atti del "2°Congresso Specialistico Internazionale sui Cimiteri Monumentali: Conoscenza, Conservazione e Restyling", 2013, CICOP Editore.

[3] Da qui il termine "Camposanto" per indicare i cimiteri.

---

[2] By the same author, "Quando le Chiese di Taranto erano anche luoghi di sepoltura: le Chiese intra moenia", published in the proceedings of the "2nd Specialty International Conference on Monumental Cemeteries: Knowledge, Conservation and Restyling", 2013, CICOP Editore.

[3] Hence the word 'Camposanto' ('sacred yard') one of the terms used in Italian to indicate cemeteries.

mercati, e tutto si svolge tra ossa e seppellimenti precari. Il nuovo cimitero ottocentesco ha la caratteristica di essere monumentale, sovrabbondante di statue, come status-symbol delle famiglie borghesi, costituito da un gran numero di tombe individuali che danno origine alla diffusione del mestiere di chi costruisce lapidi, tombe e bare; inoltre, mentre il vecchio cimitero era all'interno della città, il nuovo è lontano dalla città stessa, per sottrarre la morte alla vista quotidiana.

L'attuale cimitero di Taranto, dedicato a San Brunone – fondatore dell'ordine dei Certosini – è stato costruito per volere e ordine di Ferdinando di Borbone nella prima metà del 1800; conta numerose tombe monumentali di cittadini illustri, per lo più nobili e prelati, ma non mancano le sepolture di sindaci, scrittori e musicisti e le sepolture dei militari caduti della grande guerra; sono presenti, inoltre, numerose cappelle private di Confraternite religiose e società di Mutuo Soccorso.

consists of a large number of individual tombs that give rise to the diffusion of the profession of those who realise tombstones, tombs and coffins; moreover, while the old cemetery was inside the city, the new one is far from the city itself, to hide death from daily sight.

The current cemetery of Taranto, dedicated to San Brunone – founder of the order of the Carthusians – was built in the first half of the nineteenth century by will and order of Ferdinand of Bourbon; it houses numerous monumental tombs of illustrious citizens, mostly nobles and prelates, but there are also the burials of mayors, writers and musicians and the burials of the fallen soldiers of the Great War; there are also numerous private chapels of religious Brotherhoods and Mutual Benefit Societies.

## 2 Dall'età arcaica all'età ellenistica

## 2 From the archaic period to the hellenistic period

I ritrovamenti archeologici delle sepolture avvengono, nella maggioranza dei casi, in maniera del tutto casuale, in conseguenza di scavi per l'alloggiamento delle fondamenta di nuovi edifici o per lavori di manutenzione e nuova costruzione di strade cittadine.

L'espansione urbanistica della città verso est ha causato, durante il XIX sec., la perdita e la distruzione, in molti casi, delle testimonianze archeologiche che ci avrebbero permesso di ricostruire, in maniera più accurata e sicura, la configurazione della città, la

In most cases the archaeological discoveries of the burials occur randomly, as a result of excavations for the foundations of new buildings or for maintenance works and new construction of city streets.

The urban expansion of the city to the east caused, during the nineteenth century, the loss and destruction, in many cases, of archaeological evidence that would have allowed us to reconstruct, more accurately and securely,

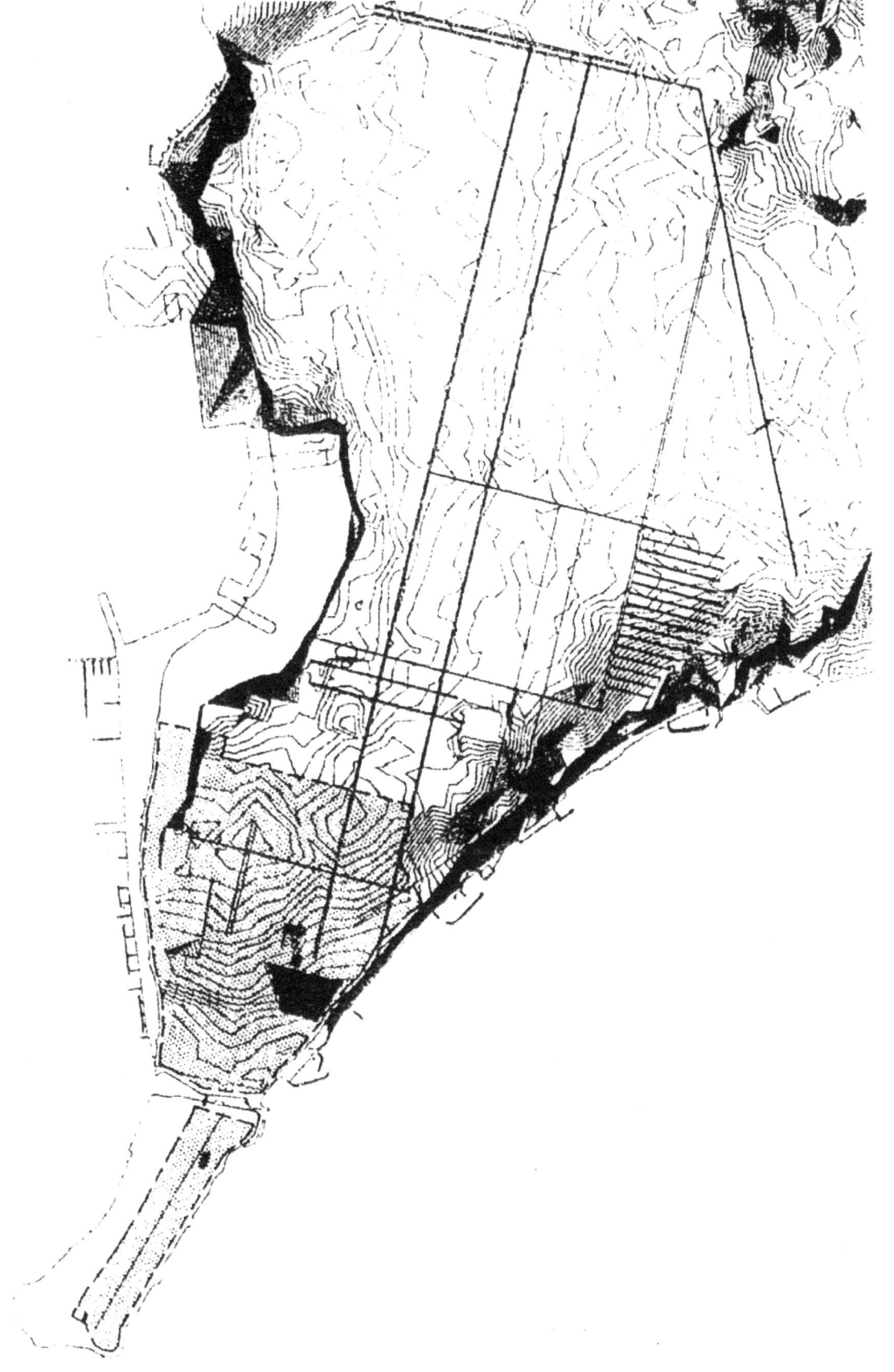

Fig. 2: Ricostruzione dello schema viario greco in età classica. — Reconstruction of the Greek road system in the classical period.

distribuzione delle strade e la topografia della necropoli arcaica.

L'esigenza di costruire nuovi edifici ha spesso limitato la possibilità di ritrovare intere necropoli o quantomeno porzioni ampie di esse, per cui i ritrovamenti di sepolture antiche sono spesso solo parziali, nel senso che si limitano alla singola sepoltura o a un gruppo esiguo di esse; fa eccezione il ritrovamento della necropoli di via Marche che, per questo, è da considerarsi un sito archeologico davvero unico, comprendente una porzione molto ampia della necropoli greca, con tombe di varia tipologia realizzate nel corso di oltre cinque secoli di storia della città, dall'età arcaica (VII-VI sec. a.C.) all'età ellenistica (III-I sec. a.C.), attraversando l'età intermedia, definita storicamente come età classica, che si sviluppa tra il V e IV sec. a.C.

Il rito funerario più diffuso in età arcaica è l'inumazione con singole sepolture in tombe a fossa, scavate nella terra o nel banco di roccia; la fossa spesso è circondata da una controfossa che facilita il posizionamento dei lastroni di copertura. In alcune fosse si ritrova un piccolo cuscino alto pochi centimetri, ricavato nella roccia, all'altezza di una delle testate della tomba; in altri casi la fossa presenta, ai quattro angoli, quattro fori a sezione quadrata entro i quali, con ogni probabilità, sono alloggiati i piedi di un sarcofago ligneo che verrà poi adagiato all'interno della fossa stessa e che conterrà il corpo del defunto.

La copertura delle fosse è quasi sempre realizzata con uno o due lastroni di carparo, piani o leggermente inclinati come gli spioventi di un tetto, ma il ritrovamento di numerose fosse senza copertura lascia supporre anche l'esistenza di coperture realizzate con materiale deperibile come il legno.

La tomba a sarcofago è certamente prerogativa dei cittadini più agiati; ricavato da un unico blocco di carparo, a volte finemente decorato, il sarcofago viene deposto nella fossa

the configuration of the city, the distribution of the roads and the topography of the archaic necropolis.

The need to build new buildings has often limited the possibility of finding entire necropolises or at least large portions of them, so that the findings of ancient burials are often only partial, in the sense that they are limited to a single burial or a small group of them. One exception is the discovery of the necropolis of via Marche which, for this reason, is to be considered a truly unique archaeological site. It includes a very large portion of the Greek necropolis, with tombs of various types created over the course of more than five centuries of city history, from the archaic period (seventh-sixth century BCE) to the Hellenistic period (third-first century BC), through the intermediate period, historically defined as the classical period, between the fifth and fourth centuries BCE.

The most widespread funeral rite in the archaic period is the inhumation with single burials in pit tombs, dug into the ground or in the rock bank; the grave is often surrounded by a groove that facilitates the positioning of the covering slabs. In some graves there is a small pillow, a few centimetres high, carved in the rock, at the level of one of the tomb heads; in other cases the grave has, at the four corners, four square-section holes accommodating, most probably, the feet of a wooden sarcophagus which will then be laid inside the grave and which will contain the body of the deceased.

The cover of the graves is almost always made with one or two slabs of *carparo*, flat or slightly inclined like sloping roofs, but the discovery of numerous graves without cover suggests also the existence of covers made of perishable material such as wood.

The sarcophagus tomb is certainly the prerogative of the most affluent citizens; carved in a single block of *carparo*, sometimes finely

scavata nel terreno o nel banco roccioso e coperto da due lastre di carparo con dente di incastro.

Dopo il 550 a.C. compaiono a Taranto le prime tombe a camera a pianta quadrata o più spesso rettangolare; per le camere molto grandi, che contengono più sepolture alloggiate in sarcofagi, si adottano colonne a sostegno della pesante copertura in carparo o pietra. I sarcofagi vengono posizionati perimetralmente, a imitazione dell'*andròn* della casa greca, il vano riservato ai soli uomini per il simposio[1].

Con l'emanazione del "divieto al lusso" decretato dal nuovo regime democratico che si instaura in città sovvertendo il precedente regime aristocratico, l'aristocrazia non può più costruire monumentali tombe a camera e in nome di una "equità sociale" che limita molto l'ostentazione della ricchezza dei ceti più abbienti, si ritorna alla tipologia del sarcofago con l'inserimento di pochi elementi di corredo funebre come vasi ceramici e raramente oggetti metallici, specchi e piccoli scrigni, largamente presenti nelle sepolture a camera; non si vedono più gli ori e i gioielli che avevano reso famosi gli artigiani tarantini in tutta la Magna Grecia.

Le zone più utilizzate per la sepoltura sono quelle più vicine all'abitato residenziale o alle direttrici viarie principali; a volte si riutilizzano le sepolture precedenti, modificandone forma e dimensioni, più spesso si costruiscono nuove sepolture che danno vita a fenomeni di stratificazione verticale.

Nella seconda metà del IV sec. a.C. Taranto raggiunge l'apice della ricchezza politica ed economica; le differenze sociali che si erano livellate durante il governo democratico in questo periodo si evidenziano nuovamente e

---

[1]Il simposio era la seconda parte del banchetto greco (e anche romano), destinato alla degustazione dei vini prescritti dal simposiarca, al canto o alla recita dei carmi conviviali e ad altri intrattenimenti per gli ospiti.

decorated, the sarcophagus is laid in the pit dug in the ground or in the rocky bank and covered by two slabs of *carparo* with an interlocking tooth.

After 550 BCE the first chamber tombs with a square or more frequently rectangular plan appear in Taranto; the heavy covering in *carparo* or stone of the very large rooms, which contain several burials housed in sarcophagi, is supported by columns. The sarcophagi are positioned perimetrically, in imitation of the *andròn* of the Greek house, the room reserved to men for the symposium[1].

Following the issue of the "luxury ban" decreed by the new democratic regime established in the city by subverting the previous aristocratic regime, the aristocracy can no longer build monumental chamber tombs; in the name of a "social equity" that much limits the ostentation of wealth of the most affluent classes, there is a return to the typology of the sarcophagus with the inclusion of a few grave goods such as ceramic vases and – rarely – metal objects, mirrors and small caskets, widely present in chamber tombs; there no longer are the gold and the jewels that had made the Taranto artisans famous throughout the Magna Graecia.

The most used areas for burial are those closest to the residential area or to the main road connections. Sometimes the previous burials are reused, modifying their shape and size; more often new burials are built, giving rise to vertical stratification phenomena.

In the second half of the fourth century BCE Taranto reaches the peak of its political and economic wealth; the social differences, that were levelled during the democratic gov-

---

[1]The symposium was the second part of the Greek (and also roman) banquet, intended for the tasting of the wines decided by the symposiarch, accompanied by the singing or the recitation of the convivial poems and other entertainments for the guests.

così anche nelle sepolture ricompaiono tombe monumentali con corredi in oro e pietre preziose.

Il ritrovamento del corredo funebre ha spesso permesso di distinguere le tombe maschili da quelle femminili e infantili, non essendo possibile utilizzare i dati derivanti dal materiale osteologico, in gran parte andato perduto. Spilloni in argento ricoperti da foglia aurea, anelli con sigillo di grandi dimensioni per sottolineare l'appartenenza a una famiglia benestante, per le femmine; vasi e anfore panatenaiche (anfore date in premio ai vincitori delle gare ateniesi a cui partecipavano tutti gli atleti del mondo greco) per gli uomini. In realtà le anfore panatenaiche vengono adoperate come corredo funebre non solo per gli atleti che le hanno vinte in gare, ma anche per altri defunti allo scopo di attestarne lo status sociale aristocratico.

Ad ogni modo il corredo funebre, in età arcaica, spesso non è differenziato ed è quindi possibile ritrovare vasi ed anfore anche nelle sepolture femminili. Nelle poche tombe rinvenute dedicate ai bambini si sono ritrovati piccoli giocattoli in terracotta, oltre ai consueti vasi di dimensioni più piccole rispetto a quelli rinvenuti nelle sepolture degli adulti.

In età tardo arcaica e classica si comincia a differenziare in maniera più netta la deposizione maschile; vengono infatti introdotti a corredo della sepoltura gli attrezzi ginnici e i contenitori di olii profumati in alabastro. Sebbene il tema della guerra sia largamente raffigurato sui vasi, non ci sono ritrovamenti di armi a corredo delle tombe.

Alcune tombe a camera appartengono a un unico nucleo familiare: è il caso dell'ipogeo Genoviva di via Polibio e della tomba a camera di piazza Pio XII.

La sepoltura più diffusa resta l'inumazione, ma comincia a diffondersi sempre più il sistema dell'incinerazione; è interessante notare come nella necropoli non esistano aree

ernment, in this period are prominent again and therefore also in the burials reappear monumental tombs with grave goods in gold and precious stones.

The discovery of the grave goods has often allowed to distinguish the men's tombs from the women's and children's ones, since it is not possible to use data deriving from the osteological material, largely lost. Silver pins covered with gold leaf, rings with a large seal to emphasize the belonging to a well-off family, for women; vases and panathenaic amphorae (amphorae given as prizes to the winners of the Athenian competitions in which all the athletes of the Greek world participated), for men. The panathenaic amphorae are actually used as grave goods not only for the athletes who have won them in competitions, but also for other deceased in order to attest to their aristocratic social status.

Often the grave goods, in the archaic period, are not differentiated and it is therefore possible to find vases and amphorae also in female burials. In the few graves dedicated to children, small terracotta toys were found, in addition to the usual vessels, smaller than those found in adult burials.

In the late archaic and classical period, the male deposition begins to be more clearly differentiated; indeed, the gymnastic equipment and the alabaster containers of perfumed oils are introduced as grave goods. Although the theme of the war is largely depicted on the vases, there are no findings of weapons in the tombs.

Some chamber tombs belong to a single family: it is the case of the Genoviva hypogeum of via Polibio and of the chamber tomb of piazza Pio XII.

The most widespread burial remains the inhumation, but the cremation begins to spread more and more; it is worth noting that in the necropolis there are no different areas for the two types of burials, but they are close to

differenti per le due tipologie, ma le sepolture convivano le une vicino alle altre.

A partire dal III sec. a.C. comincia a diffondersi una nuova tipologia di sepoltura, la tomba a semicamera, una sorta di tomba a fossa più grande di quelle realizzate fino ad allora e scavata nel banco roccioso. I ritrovamenti di via Alto Adige ci hanno mostrato una tomba a semicamera con pareti intonacate e decorate in cui si suppone anche la presenza di un letto funebre in legno[2].

Già a partire dalla fine del IV sec. a.C. cominciano ad apparire i segnacoli funerari per contrassegnare con un riferimento esterno ben visibile il luogo della sepoltura; in alcuni casi i segnacoli sono dei veri e propri *naiskos,* piccole costruzioni che riproducono la facciata di un tempio, solitamente formate da quattro colonne sormontate dalla trabeazione arricchita da fregi e metope[3].

L'analogia con le sepolture della madrepatria Grecia appare evidente negli scavi archeologici presso Akanthos (l'attuale città di Ierissos), nella penisola Calcidica. Il luogo era già citato dagli storici antichi e la città fu fondata nello stesso periodo di Taranto, così come allo stesso periodo risale anche la fondazione di Stagira, la città natale di Aristotele.

La città si sviluppa su tre colline con il porto naturale protetto, di fronte alla Tracia, in posizione strategica. Diviene presto uno dei centri commerciali ed economici principali della Grecia, tanto che la locale produzione di anfore per il trasporto del vino viene commercializzata in tutto il bacino del Mediterraneo, each other.

Starting from the third century BCE a new type of burial begins to spread: the semi-chamber tomb, a sort of pit tomb larger than those built up to then and dug in the rock bank. The findings of via Alto Adige show a semi-chamber tomb with plastered and decorated walls, in which it is also supposed the presence of a wooden funeral bed[2].

Already since the end of the fourth century BCE, grave markers begin to emerge to mark the burial site with a clearly visible external sign; in some cases the markers are true *naiskos*, small constructions that reproduce the façade of a temple, usually formed by four columns surmounted by the trabeation enriched by friezes and metopes[3].

The analogy with the burials of the motherland, Greece, is evident in the archaeological excavations at Akanthos (the present city of Ierissos), in the Chalcidice peninsula. The place was already mentioned by ancient historians and the city was founded in the same period of Taranto, period to which also the foundation of Stagira – the birthplace of Aristotle – dates back.

The city is spread over three hills with the natural harbour, in front of Thrace, protected in a strategic position. It soon becomes one of the main commercial and economic centres of Greece, so much so that the local production of amphorae for the transport of wine is marketed throughout the Mediterranean basin, including Magna Graecia.

In 1973, an archaeological excavation cam-

---

[2]La presenza del letto funebre è dimostrata dall'assenza di intonaco lungo una delle pareti della semicamera, particolare che ci porta a pensare all'esistenza di un letto ligneo oramai deperito addossato alla parete.

[3]E' interessante notare come le sepolture greche non avessero iscrizioni di alcun tipo a corredo; l'utilizzo di lapidi riportanti il nome del defunto è un'usanza romana.

[2]The presence of the funeral bed is proven by the lack of plaster along one of the walls of the semi-chamber, a detail that suggests the existence of a wooden bed – perished by now – leaning against the wall.

[3]It is interesting to note that the Greek burials had no inscriptions of any kind; the use of tombstones bearing the name of the deceased is a Roman custom.

inclusa la Magna Grecia.

A partire dal 1973 è stata aperta una campagna di scavi archeologici che ha portato alla luce circa 13.000 tombe nella fascia costiera tra l'Egeo e la città moderna di Ierissos. Una piccola porzione di quest'ampia area archeologica è oggi protetta da una struttura a guscio trasparente, all'interno della quale si trovano circa 160 tombe, stratificate su tre livelli successivi, dall'età arcaica a quella ellenistica.

La tipologia di tomba più comune è la tomba a fossa, scavata nel terreno sabbioso o coperta di fango sui lati; grosse pietre e raramente colonne sepolcrali segnalano il luogo della sepoltura. Intorno ai corpi sono stati ritrovati molti chiodi, che indicano la presenza di bare di legno. Tavelle in laterizio, prodotte nelle locali fornaci, coprono il corpo formando un tetto a capanna a lati inclinati

Ritrovamenti di vasi e anfore – *pithos*, utilizzate anche per la conservazione dei cibi e *hydra* – sono utilizzati come urne cinerarie nella pratica della cremazione, andata riducendosi dall'età classica in poi. I vasi e le anfore sono tutte produzioni di officine locali, raramente sono importati.

Meno numerose, nella necropoli, sono le sepolture a sarcofago, realizzato in terracotta; talvolta presentano una decorazione dipinta o un rilievo ionico sotto l'orlo. La copertura è realizzata con tavelle di laterizio che formano uno spiovente.

Pochi ritrovamenti riguardano le tombe a cista, una cassa composta da lastre di pietra e inserita nella fossa, probabilmente risalenti al periodo romano di utilizzo della necropoli.

Il corredo funerario congiunto alla sepoltura era costituito da vasi, statuette e gioielli, legato alla condizione sociale del defunto e della sua famiglia. Vasi importati e prodotti locali sono presenti in tutti i periodi di utilizzo della necropoli, mentre predominanti sono i vasi corinzi per l'arcaico e attici per il periodo classico. Figurine (piccole statue) accompa-

paign has started, bringing to light about 13,000 tombs in the coastal strip between the Aegean and the modern city of Ierissos. A small portion of this large archaeological area is today protected by a transparent shell structure, inside which there are about 160 tombs, stratified on three successive levels, from the Archaic to the Hellenistic period.

The most common type of tomb is the pit tomb, dug into the sandy ground or covered with mud on the sides; large stones and – rarely – sepulchral columns mark the burial site. Many nails have been found around the bodies, indicating the presence of wooden coffins. Clay flat tiles, produced in local furnaces, cover the body forming a gable roof with sloping sides.

Vases and amphorae found in the graves – *pithos*, also used for food storage and *hydra* – are used as funerary urns in the practice of cremation, which decreased from the classical period onwards. The vases and the amphorae are all productions of local workshops, and rarely are imported.

Less numerous, in the necropolises, are the sarcophagus burials, made of terracotta; sometimes they feature a painted decoration or an Ionic relief under the rim. The covering is made of clay flat tiles that form a sloping roof.

Few findings pertain to the cista graves, a chest made of stone slabs and inserted into the pit, probably dating back to the Roman period of use of the necropolis.

The grave goods of the burial consisted of vases, statuettes and jewels, associated to the social status of the deceased and the deceased's family. Imported vases and local products are present in all periods of use of the necropolis, while the Corinthian vases are predominant in the archaic period and the Attican ones in the classical period. Figurines (small statues) usually accompany children and girls, while gilded bronze crowns, gold

gnano di solito i bambini e le ragazze, mentre corone in bronzo dorato, gioielli d'oro e d'argento decorano i corpi senza vita nello stesso modo in cui erano stati indossati. La presenza di monete nella bocca della persona defunta, si ritrova in molte tombe del IV secolo a.C.

## Il rito funebre nel mondo greco

La preparazione al funerale è destinata alle donne della famiglia, che lavano e vestono il defunto per l'esposizione (*prothesis*). Questa cerimonia si svolge generalmente in privato, con il corpo disteso su un *kline* o su un letto ricoperto di tappeti; solo in pochi casi la cerimonia è resa pubblica.

Fuori della casa colpita dal lutto viene posto un vaso pieno d'acqua per la purificazione dei convenuti. Dalla casa il defunto viene trasportato alla tomba, con l'inumazione del corpo (a volte con l'incinerazione) e con offerte di cibo.

Il corredo tombale è composto da oggetti cari al defunto oppure deposti come offerte; nelle varie epoche sono attestati manufatti con specifica valenza funeraria, vasi destinati a contenere unguenti, figure di piangenti, monete come obolo a Caronte.

Al rientro a casa si svolge un piccolo banchetto (*perideipnon*) e la purificazione dal lutto. Cerimonie commemorative hanno luogo annualmente nella ricorrenza, con offerta di ghirlande e di cibo sulla tomba. Le leggi sull'abolizione del lusso, soprattutto a partire dall'età classica, provvedono a regolamentare lo svolgimento dei funerali, impedendo che diventino una manifestazione eccessiva di lusso.

Si evidenziano differenziazioni in base al sesso, all'età e alla classe sociale del defunto, non solo nella composizione e nella ricchezza

and silver jewellery decorate lifeless bodies in the same way they were worn. The presence of coins in the dead person's mouth is found in many tombs of the fourth century BCE.

## The funeral rite in the greek world

The preparation for the funeral is for the women of the family, who wash and dress the deceased for the display (*prothesis*). This ceremony generally takes place in private, with the body lying on a *kline* or on a bed covered with carpets; only in a few cases the ceremony is made public.

Outside the bereaved house a pot full of water is placed for the purification of the participants. The deceased is transported from the house to the grave, where the inhumation of the body (sometimes with cremation) and food offerings take place.

The grave goods are objects dear to the deceased or left as offers; in different periods are attested artefacts with specific funerary value, vases intended to contain ointments, figures of weeping mourners, coins as an offering to Charon.

Upon returning home, there is a small banquet (*perideipnon*) and the purification from the mourning. Commemorative ceremonies take place annually on the anniversary, with an offering of garlands and food on the tomb. The laws on the luxury ban, especially since the classical period, provide to regulate the conduct of the funerals, preventing them from becoming an excessive manifestation of luxury.

There are differentiations based on sex, age and social class of the deceased, not only in the composition and wealth of the grave goods, but also in the types of burials and exclusivity

dei corredi, ma anche nelle tipologie delle sepolture e nell'esclusività di uso di alcune aree delle necropoli, come avviene per quasi tutto il mondo greco, dove spesso ai neonati e ai bambini sono riservati spazi appositi.

Le norme etiche greche sottolineano l'importanza del diritto alla sepoltura e il venirne esclusi equivale all'annullamento della memoria e della dignità della persona. Il rispetto per i defunti ha imposto generalmente l'inviolabilità delle tombe anche nei secoli successivi, regola infranta solo in casi eccezionali.

## 2.1 La necropoli di via Marche

Nel periodo di massimo splendore urbanistico e architettonico, la città greca è divisa in *Acropolis*, *Polis* e *Necropolis*. L'Acropoli, la parte alta della città, con i suoi templi e i suoi edifici pubblici monumentali è situata ad est (l'attuale isola denominata "città vecchia"); procedendo in questa direzione si attraversa la *Polis*, la zona residenziale con l'Agorà, la grande piazza centro economico e commerciale della città; ancora più ad est si raggiunge la necropoli, la città dei morti che alloggiava le tombe dei defunti.

Data la conformazione morfologica del territorio tarantino, la città continua ad espandersi verso est, invadendo l'area occupata dalla Necropoli, cosicché le sepolture devono essere spostate più ad est, fino a raggiungere la cinta muraria.

La distribuzione delle sepolture quasi certamente rispetta due assi viari perpendicolari tra loro, uno in direzione nord-sud e uno est-ovest; quest'ultimo asse è identificabile con una vera e propria *plateia* (la "via larga" delle *poleis* greche). Come abbiamo rilevato, l'esistenza degli assi viari con molta probabilità è già presente nell'urbanistica della città arcaica.

of use of some areas of the necropolises, as happens for almost the whole Greek world, where specific spaces are often reserved for infants and children.

The Greek ethical norms underline the importance of the right to burial, and the exclusion from it is equivalent to the obliteration of the memory and the dignity of the person. The respect for the dead has generally imposed the inviolability of the tombs in the following centuries, a rule broken only in exceptional cases.

## 2.1 The necropolis of via Marche

In the period of maximum urban and architectural splendour, the Greek city is divided into *Acropolis*, *Polis* and *Necropolis*. The Acropolis, the upper part of the city, with its temples and its monumental public buildings, is located to the east (the current island known as the "old city"); proceeding in this direction one passes through the *Polis*, the residential area with the Agora, the great square, economic and commercial centre of the city; even further east one reaches the necropolis, the city of the dead that housed the tombs of the deceased.

Given the morphological conformation of the Taranto territory, the city continues to expand towards the east, invading the area occupied by the Necropolis, so that the burials must be moved further east, until they reach the city walls.

The distribution of the burials almost certainly respects two road axes perpendicular to each other, one in north-south and one in east-west direction; the latter axis is identifiable with a real *plateia* (the "broad way" of the Greek *poleis*). As we have observed, the road axes very likely already exist in the urban planning of the archaic city.

Il percorso predisposto dalla Soprintendenza Archeologica per la visita della necropoli, realizzato con una passerella a "zig-zag" con orientamento nord-sud ed est-ovest e che ricalca gli assi viari dell'epoca arcaica, è impostato all'incirca alla stessa quota del piano di campagna delle tombe a camera ipogee dell'età classica ed ellenistica.

Il percorso, inoltre, segue un ordinato criterio cronologico: infatti entrando da via Ugo De Carolis si incontra una prima zona di tombe a fossa dell'età arcaica, per poi procedere verso la zona occupata dalle tombe a sarcofago e quindi dalle tombe a camera ellenistiche, più vicine all'uscita del sito situata in corso Italia. Probabilmente l'attuale passerella in grigliato metallico, sopraelevata rispetto al piano delle tombe e poggiante su piedini metallici, dà un senso di provvisorietà e sicuramente potrebbe essere sostituita con una passerella in vetro o altro materiale trasparente più elegante e meno invasiva.

In questo straordinario sito archeologico si concentrano tre diverse tipologie di tombe:

- tombe a fossa, semplici tombe scavate nella terra o nella roccia, talvolta rivestite da lastre di carparo, il più delle volte caratterizzate da una copertura piana a doppio lastrone o, in alcuni casi, spiovente. Nel sito sono state ritrovate anche alcune tombe a fossa sprovviste di copertura o forse in origine con copertura lignea che col tempo si è deteriorata ed è andata perduta.

  Utilizzate soprattutto durante l'età arcaica, sono destinate ai cittadini più poveri; ad ogni modo la loro costruzione si protrae sino all'età ellenistica, laddove la famiglia del defunto non aveva i mezzi per dedicare al proprio caro una più moderna tomba a sarcofago.

The route prepared by the Soprintendenza Archeologica for the visit of the necropolis, made with a "zigzag" walkway with north-south and east-west orientation and following the road axes of the archaic period, is set at about the same altitude of the ground level of the hypogeal chamber tombs of the classical and Hellenistic period.

The route also follows an orderly chronological criterion: indeed, entering from via Ugo De Carolis one finds a first zone of pit tombs of the archaic period; from there one proceeds towards the area occupied by the sarcophagus tombs and then by the Hellenistic chamber tombs, closer to the exit of the site located in corso Italia. Probably the current metal grid walkway, raised above the level of the tombs and resting on metal feet, gives a sense of impermanence and certainly could be replaced with a walkway made of glass or another transparent material more elegant and less invasive.

Three different types of tombs are concentrated in this extraordinary archaeological site:

- pit tombs, simple tombs dug in the earth or in the rock, sometimes covered with *carparo* slabs, most often characterized by a flat double-slab covering or, in some cases, sloping. Some pit tombs without covering, or perhaps originally covered with wood that has deteriorated over time and has been lost, were also found on the site.

  Used mainly during the Archaic period, they are destined for the poorest citizens; however, their construction continued until the Hellenistic period, if the family of the deceased had no means of dedicating to their loved one a more modern sarcophagus tomb.

- sarcophagus tombs, essentially single

- tombe a sarcofago, sostanzialmente singole bare destinate ad ospitare un solo defunto, realizzate con un monoblocco di carparo; generalmente coperte con doppia lastra di pietra riproducente gli spioventi di un tetto; presentano un dente d'incastro tra la copertura e le pareti verticali.

L'orientamento privilegiato dei sarcofagi è est-ovest, presumibilmente senza alcuna preferenza per la posizione del corpo.

- tombe a camera ipogea a pianta rettangolare, collocate nelle posizioni più privilegiate come nei pressi degli incroci degli assi stradali, spesso sopraelevate rispetto alle altre sepolture più modeste. Le otto tombe a camera ritrovate nel sito di via Marche sono l'espressione di appartenenza del defunto a una classe sociale elevata; sono accessibili attraverso un corridoio (*Dromos*) a gradini o a scivolo, hanno pareti in parte scavate in parte costruite con blocchi regolari di carparo, intonacate e dipinte, e presentano all'interno il letto funebre (*Kline*) scolpito nella roccia, decorato e dipinto.

Il colore prevalente è il bianco, poi il blu, il rosso e l'ocra. Per volere della Soprintendenza Archeologica è stata ricostruita una camera sui resti di un *dromos* a gradini e di un *kline*. La ricostruzione ci mostra l'aspetto finale della tomba con l'intonaco e la coloritura delle pareti, il corredo funebre dei vasi ceramici e i piatti per le offerte di cibo; ci mostra, inoltre, la quota del piano di campagna della necropoli in età classico-ellenistica, circa tre metri al di sopra del piano di calpestio della tomba[4].

La costruzione delle tombe a camera si interrompe all'inizio del V sec. a.C. quando il

coffins destined to house only one deceased, made with a monobloc of *carparo*; generally covered with a double stone slab reproducing a sloping roof; they feature an interlocking tooth between the covering and the vertical walls.

The preferred orientation of the sarcophagi is east-west, presumably without any preference for the position of the body.

- rectangular plan hypogeal chamber tombs, placed in the most privileged positions such as near the intersections of the road axes, often raised with respect to the other more modest burials. The eight chamber tombs found on the via Marche site mark the belonging of the deceased to a high social class; they are accessible through a corridor (*Dromos*) with steps or a slide, and have walls partly excavated and partly built with regular blocks of *carparo*, plastered and painted; inside there is the funeral bed (*Kline*) carved into the rock, decorated and painted.

The prevailing colour is white, then blue, red and ochre. At the behest of the Soprintendenza Archeologica, a room has been rebuilt on the remains of a stepped *dromos* and a *kline*. The reconstruction shows us the final aspect of the tomb with the plaster and the colouring of the walls, the grave goods consisting of ceramic vases and the dishes for the food offerings; it also shows us the quota of the necropolis ground level in the classical-Hellenistic period, about three meters above the planking level of the tomb[4].

The construction of chamber tombs is interrupted at the beginning of the fifth century

---

[4]La tomba a camera è una costruzione ipogea, quindi completamente interrata.

[4]The chamber tomb is a hypogeal construction, therefore completely buried.

regime aristocratico che governa la città viene sostituito da un nuovo governo democratico che, in nome di una nuova ristrutturazione culturale e urbanistica, vieta tutto ciò che è lussuoso, quindi anche la costruzione di tombe a camera.

Dopo circa un secolo dall'emanazione di tale divieto – durante il quale i più ricchi si "accontentarono" di seppellire i loro defunti in tombe a sarcofago finemente dipinte – il divieto viene abrogato e i tarantini ricominciarono a costruire "lussuose" tombe a camera. Le tombe a camera vengono dotate di una porta a saracinesca per la chiusura, in modo che non possano più essere riaperte.

Tra le otto tombe a camera ritrovate, tre di esse sono dipinte e sono collocate proprio all'incrocio tra uno degli assi stradali N-S e la più larga *plateja*[5]; sono tra le poche ad essere caratterizzate dalla presenza di segnacoli funerari, di cui sono stati ritrovati alcuni frammenti in pietra. Due delle tre sono camere appaiate, costruite nel medesimo momento e destinate a membri della stessa famiglia: una delle due contiene due deposizioni, altre tre deposizioni sono collocate nell'altra camera.

La terza tomba a camera ospita quattro deposizioni di adulti. Secondo la tipologia dei monumenti funerari del III sec. a.C., il *kline* è costruita con blocchi riportati e rifiniti in loco con le testate modanate a rilievo e piedi a volute contrapposte, come, ad esempio, nella tomba a camera di piazza Pio XII, di cui tratteremo in seguito.

Le varie campagne di scavi che si sono succedute e che hanno riportato alla luce le attuali 140 tombe presenti nel sito – tombe maschili e femminili ma anche alcune tombe a fossa di bambini – hanno fatto riemergere non solo tombe ma anche fossette a destinazione agricola e due pozzi per l'acqua.

---

[5]Le tre tombe a camera dipinte sono catalogate con i numeri 13, 14 e 15.

BCE when the aristocratic regime that governs the city is replaced by a new democratic government which, in the name of a new cultural and urban restructuring, prohibits all that is luxurious, and therefore also the construction of chamber tombs.

After about a century from the issuance of this prohibition – during which the richest "settle" for burying their dead in finely painted sarcophagus tombs – the ban was repealed and the inhabitants of Taranto began to build "luxurious" chamber tombs. The chamber tombs are equipped with a shutter door for closing, so that they can never be reopened.

Among the eight chamber tombs found, three are painted and are located right at the intersection of one of the N-S road axes and the widest *plateja*[5]; they are among the few characterized by the presence of grave markers, of which some stone fragments have been found. Two of the three are paired rooms, built at the same time and destined for members of the same family: one of the two contains two depositions, and three other depositions are placed in the other chamber.

The third chamber tomb hosts four depositions of adults. According to the type of funerary monuments of the third century BCE, the *kline* is built with blocks brought from elsewhere and finished on site with the head moulded in relief and feet with opposing volutes, as, for example, in the chamber tomb of piazza Pio XII, which we will discuss later.

The various excavation seasons that have followed one another and which have brought to light the current 140 tombs on the site – male and female tombs but also some children's pit graves – have revealed not only tombs but also small trenches for agricultural purposes and two wells for water.

An interesting study published in 1997 by

---

[5]The three painted chamber tombs are catalogued with numbers 13, 14 and 15.

Un interessante studio pubblicato nel 1997 dall'Università di Bari[6] ha esaminato il materiale osteologico rinvenuto nella necropoli di via Marche: sul totale di 56 scheletri su cui è stato possibile effettuare l'analisi – 38 appartenenti a uomini e 18 a donne – è stata rilevata una statura media di cm 168 per i maschi e di cm 161 per le femmine e una discreta robustezza corporea. La frequenza dei decessi è del 14% nell'età infantile, del 7% nell'età giovanile, del 52% nell'adulta, del 17% nella matura e nel 7% dell'età senile. Lo studio evidenzia inoltre che le affinità genetiche dei tarantini in età classica si hanno con gli apuli e i sanniti più che con i greci.

---

[6] *"La necropoli di età classica di Via Marche a Taranto: l'analisi antropologica"*, "Antropologia contemporanea", *volume 20*, settembre 1997, Angelo Pontecorboli Editore Firenze.

## 2.2 La tomba degli atleti

La tomba degli atleti è una grande tomba a camera contenente sette sarcofagi, scavata e rinvenuta in due fasi, la prima nel 1917 e la seconda nel 1921. È considerata, a giusta ragione, il maggiore monumento dell'architettura funeraria tarantina di età arcaica (fine VI - inizi V secolo a.C.).

Collocata all'angolo tra via Crispi e via Pitagora, all'interno del centro abitato greco, è a pianta quadrata e costruita con blocchi regolari di carparo, utilizzati anche per la pavimentazione; in origine presentava una copertura probabilmente realizzata in lastroni di carparo, mancante al momento del rinvenimento. Due colonne doriche, disposte lungo uno dei due assi centrali del vano, sostenevano la pesante copertura, viste le dimensioni della camera; una delle due colonne si è conservata nel tempo, mancante però del capitello, poi ricostruito dalla Soprintendenza Archeologica.

the University of Bari[6] examined the osteological material found in the necropolis of via Marche: in total it was possible to carry out the analysis on 56 skeletons – 38 belonging to men and 18 to women – which showed an average height of 168 cm for males and 161 cm for females and a good body strength. The frequency of deaths is 14% in childhood, 7% in youth, 52% in adult, 17% in maturity and 7% in senile age. The study also shows that in the classical period the genetic affinities of the Tarantines are more with the Apulians and the Samnites than with the Greeks.

---

[6] *"La necropoli di età classica di Via Marche a Taranto: l'analisi antropologica"*, "Antropologia contemporanea", *volume 20*, settembre 1997, Angelo Pontecorboli Editore Firenze.

## 2.2 The tomb of the athletes

The tomb of the athletes is a large chamber tomb containing seven sarcophagi, excavated and found in two phases, the first in 1917 and the second in 1921. It is considered, rightly, the major monument of the Tarantine funerary architecture of the Archaic period. (end of sixth - beginning of the fifth century BCE).

Located at the corner between via Crispi and via Pitagora, within the Greek residential area, it has a square plan and is built with regular blocks of *carparo*, also used for flooring; originally it had a covering probably made of *carparo* slabs, missing at the time of the finding. Two Doric columns, arranged along one of the two central axes of the room, supported the heavy covering, given the size of the room; one of the two columns has lasted over time, but the capital was missing and was then rebuilt by the Soprintendenza Archeologica.

This type of funeral hypogea of the Archaic

Fig. 3: Necropoli di via Marche: semplici tombe scavate nella roccia dell'età arcaica. — Necropolis of via Marche: simple tombs of the archaic period, dug into the rock.

Fig. 4: Necropoli di via Marche: tombe a camera dell'età ellenistica (in alto tombe 13, 14 e 15) — Necropolis of via Marche: chamber tombs of the Hellenistic period (on top the tombs 13, 14, 15).

Fig. 5: Necropoli di via Marche: a) tomba a sarcofago, b) tombe a fossa, c) tomba a camera con pozzo, d) veduta generale del sito. — Necropolis of via Marche: a) sarcophagus tomb, b) pit graves, c) chamber tomb with a well, d) view of the site.

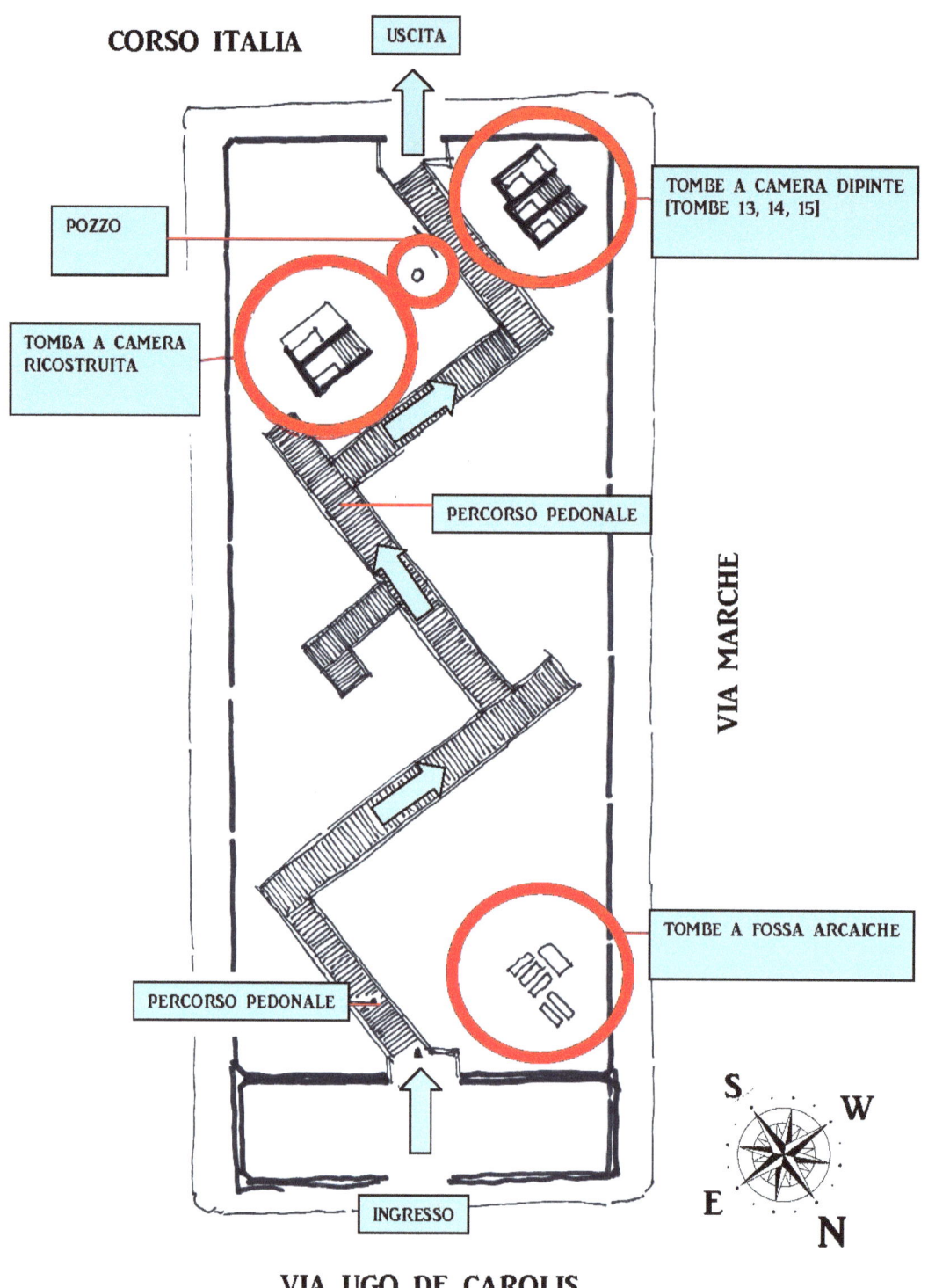

Fig. 6: Planimetria schematica del sito con indicazione del percorso pedonale (disegno fuori scala). — Schematic plan of the site with indication of the pedestrian path (out-of-scale drawing). [Uscita = Exit / Tombe a camera dipinte = Painted chamber tombs (tombs 13, 14, 15) / Pozzo = Well / Tomba a camera ricostruita = Rebuilt chamber tomb / Percorso pedonale = Footpath / Tombe a fossa arcaiche = Archaic pit tombs / Ingresso = Entrance]

Ipogei funerari di età arcaica di questo tipo sono poco diffusi in tutto il mondo greco; la grande camera è stata concepita a imitazione di un *andròn*, la sala da banchetto riservata agli uomini nella casa greca di età arcaica, all'interno della quale si trovavano i *klinai* addossati alle pareti. Il resto dell'arredo è costituito da piccole *trapezai* (tavole basse) e dal vasellame, in ceramica e in bronzo, relativo al banchetto stesso e in particolare al consumo del vino.

In stretta analogia con l'*andròn* della casa greca, la porta di accesso alla camera si presenta fuori asse per agevolare l'alloggiamento dei sette sarcofagi che, come i *klinai*, sono accostati tutt'intorno alle pareti.

Il ricco corredo di accompagnamento rinvenuto sia all'interno sia all'esterno dei sarcofagi, oggi esposto nel Museo Nazionale di Taranto in una bellissima sala che ricostruisce fedelmente il sito archeologico, testimonia, in maniera alquanto esauriente, lo stile di vita dell'aristocrazia tarantina del tempo: cura del corpo atletico e pratica del banchetto.

A testimonianza di ciò sono stati ritrovati oggetti come lo *strigile* - un utensile utilizzato perdetergersi - e l'*alàbastron*, contenitore di alabastro per conservare olii profumati; inoltre numerosi crateri e vasi contenitori di vino, oltre ad alcuni *oinochoai* che servivano a versarlo, documentano la pratica del banchetto.

## 2.3 La tomba a camera di piazza Pio XII

Alla tomba si accede tramite un *Dromos* a nove scalini tagliati nella roccia; una porta a due battenti in carparo, finemente decorata ad imitazione delle porte lignee, precludeva l'accesso alla cella che contiene due *klinai* contrapposti.

I due letti funebri hanno piedi con volute ioniche, cuscini sagomati e dipinti in giallo,

period are not much widespread throughout the Greek world; the large room was designed in imitation of an *andròn*, the banquet room reserved for men in the Greek house of the Archaic period, inside which there were *klinai* leaning against the walls. The rest of the furniture is made up of small *trapezai* (low tables) and pottery, in ceramic and bronze, relating to the banquet itself and in particular to the consumption of wine.

In strict analogy with the *andròn* of the Greek house, the access door to the room is off-axis in order to facilitate the housing of the seven sarcophagi which, like the *klinai*, lean against the walls.

The rich accompanying grave goods found both inside and outside the sarcophagi, now exhibited in the National Museum of Taranto in a beautiful room that faithfully reconstructs the archaeological site testifies, in a rather exhaustive way, the lifestyle of the aristocracy of Taranto at the time: care of the athletic body and practice of the banquet.

As evidence for this, objects such as the *strigile* – a tool used to cleanse oneself – have been found, as well as the *alabastron*, an alabaster container for fragrant oils; numerous craters and containers of wine, as well as some *oinochoai* that served to pour it, further document the practice of the banquet.

## 2.3 The chamber tomb of piazza Pio XII

The tomb is accessed via a nine-step *Dromos* cut into the rock; a double-leaf *carparo* door, finely decorated in imitation of the wooden doors, precluded the access to the cell containing two opposing *klinai*.

The two funeral beds have feet with Ionic volutes and pillows shaped and painted in yel-

Fig. 7: La tomba a grande camera detta degli atleti. — The great chamber tomb of the athletes.

Fig. 8: La tomba degli atleti e, in basso, la ricostruzione 3D realizzata dal Museo Archeologico di Taranto. — The tomb of the athletes and, below, the 3D reconstruction realised by Archaeological Museum of Taranto.

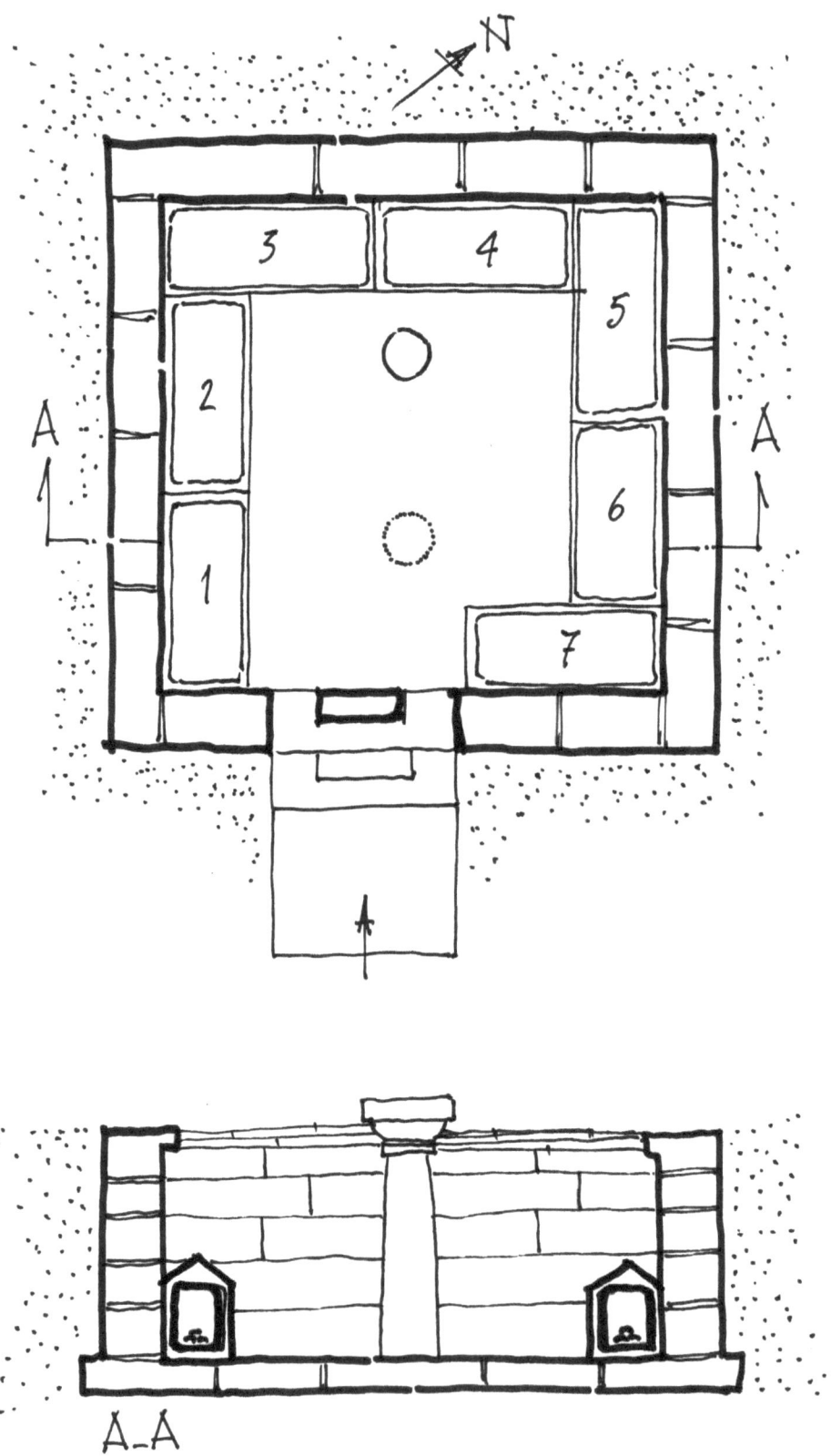

Fig. 9: La tomba degli atleti: pianta e sezione (disegno fuori scala). — The tomb of the athletes: plan and section (out-of-scale drawing)

mentre il piano del letto è dipinto di rosso. Il letto presenta un'unica traversa con riquadro modanato dipinto di color azzurro e poggia su un sostegno sporgente formato da un listello e una gola rovescia a rilievo su piedini sagomati e dipinti di giallo.

Si ritrovano tutti i colori affrescati sull'intonaco, fortunatamente ed eccezionalmente ancora ben visibili, della tradizione delle tombe tarantine: il bianco prevalente, il rosso, il giallo e il blu. La parete di fondo, contrapposta alla porta a doppio battente, mostra una zoccolatura color rosso, una fascia azzurra e decorazioni a festoni in giallo, che probabilmente doveva estendersi anche sulle altre pareti.

Il ritrovamento – a frammenti – della porta a doppio battente è un evento alquanto raro negli scavi archeologici tarantini: anzitutto per la rarità del ritrovamento di una porta a doppio battente con battente a rilievo su una delle due lastre a imitazione perfetta delle porte lignee domestiche. Inoltre la porta è decorata con dipinti a riquadri di differenti dimensioni: i due riquadri uguali della parte superiore sono più piccoli e presentano un motivo geometrico a squame di pesce colorate di rosso e di blu alternati e bordate di rosso. Tra i riquadri motivi di borchie e chiodi per esaltare l'imitazione delle porte in legno, mentre i riquadri inferiori, purtroppo, hanno perso il colore originario.

Ritrovata in frammenti anche la splendida copertura a cassettoni, formata da blocchi squadrati con motivi di rosette a otto petali con foglie lanceolate a rilievo nel carparo.

Al momento del suo ritrovamento questo ipogeo era già stato trafugato, per cui non essendo stati trovati gli oggetti di corredo, spesso assai utili per datare le costruzioni funerarie, è difficile determinare con esattezza il momento della costruzione: per la tipologia strutturale e per la raffinatezza delle decorazioni, la datazione è stata fatta risalire a

low, whereas the surface of the bed is painted in red. The bed features a single crosspiece with a blue-painted moulded panel and rests on a protruding support formed by a slat and a cyma reversa relief on shaped feet painted in yellow.

All the frescoed colours on the plaster, pertaining to the tradition of the Tarantine tombs, are there, fortunately and exceptionally still visible, the prevailing white, red, yellow and blue. The back wall, opposed to the double-leaf door, shows a red base, a blue band and yellow festoon decorations, which probably extended also on the other walls.

The discovery – in fragments – of the double-leaf door is a very rare event in the archaeological excavations in Taranto: first of all due to the rarity of the finding of a double-leaf door with a knocker in relief on one of the two slabs, in perfect imitation of the domestic wooden doors. In addition, the door is decorated with squared paintings of different sizes: the two identical frames of the upper part are smaller and feature a geometric pattern of fish scales coloured in red and in blue alternating, and bordered with red. Between the squares, there are patterns of studs and nails to enhance the imitation of wooden doors, whereas the lower frames, unfortunately, have lost their original colour.

Also found in fragments is the splendid coffered roof, formed by squared blocks with motifs of eight-petal rosettes with lanceolate leaves in relief in the *carparo*.

At the time of its discovery this hypogeum had already been plundered, and no grave goods, often very useful for dating the funerary constructions, have been found; it is therefore difficult to determine exactly the time of construction: considering the structural type and the refinement of the decorations, the dating has been traced back to a late period of the third century BCE.

Currently the steps of the *dromos* are pre-

un'età avanzata del III sec. a.C.

Attualmente gli scalini del *dromos* sono preservati da una rampa in scalini metallici sovrapposti agli originali, che ne permettono la fruizione visiva; anche in questo caso, come nel sito di via Marche, avrebbe potuto essere realizzato un idoneo percorso trasparente (vetro o plexiglass) meno "industriale" e certamente più elegante e consono allo splendido sito archeologico.

La tomba di piazza Pio XII fa parte di una campagna di scavi del 1956, allorquando, nell'ambito di lavori di realizzazione delle fondazioni di un complesso edilizio multipiano, riaffiorarono cinque sepolture, due delle quali a fossa e una a sarcofago, tutte precedentemente depredate, e due a camera. L'altra tomba a camera, di cui si conservano solo i rilievi e la documentazione fotografica, aveva accesso tramite il *dromos* con scalini – analogamente alla tomba di piazza Pio XII – e presentava una cella a pianta rettangolare con due letti funebri sistemati "ad elle".

served by a flight of metal steps superimposed on the originals, allowing the visual fruition; also in this case, as in the via Marche site, a transparent path (glass or Plexiglas) could have been realized, less "industrial" and certainly more elegant and suited to the splendid archaeological site.

The tomb of piazza Pio XII is part of an excavation campaign of 1956, when, during the construction of the foundations of a multi-storey building complex, five burials re-emerged, two of which of the pit type and one sarcophagus (all previously looted) and two chamber tombs. The other chamber tomb, of which only the reliefs and the photographic documentation are preserved, had its access through the *dromos* with steps – similarly to the tomb of piazza Pio XII – and featured a rectangular-plan cell with two funeral beds arranged as an 'L'.

## 2.4 L'ipogeo funerario di via Pasubio

Come abbiamo più volte evidenziato, durante i lavori edili di scavo per il getto delle fondazioni di un edificio multipiano, sono state rinvenute delle sepolture, singole o in gruppo, risalenti alla città greca; è il caso anche del nucleo di sepolture di cui fa parte l'ipogeo di via Pasubio (detto Genoviva dal nome del proprietario del terreno su cui poi sarebbe sorto l'edificio), venute alla luce nel 1968 a seguito della costruzione di un nuovo edificio al numero civico 75 di via Polibio.

È bene ricordare che la necropoli in età ellenistica, la cui estensione è circa il triplo dell'estensione del centro abitato, vede il sorgere di numerose tombe a camera monumentali, la cui costruzione viene interrotta nel V sec. dal

## 2.4 The funerary hypogeum of via Pasubio

As we have repeatedly pointed out, during the excavation works for the pouring of the foundations of a multi-storey building, some burials were found, single or in groups, dating back to the Greek city; this is also the case of the nucleus of tombs of which the hypogeum of via Pasubio (called Genoviva from the name of the owner of the land on which the building would rise) is part, came to light in 1968 following the construction of a new building at number 75 of via Polibio.

One should remember that during the Hellenistic period the number of monumental chamber tombs rises in the necropolis, whose extension is about three times the extension of the residential area; the construction of mon-

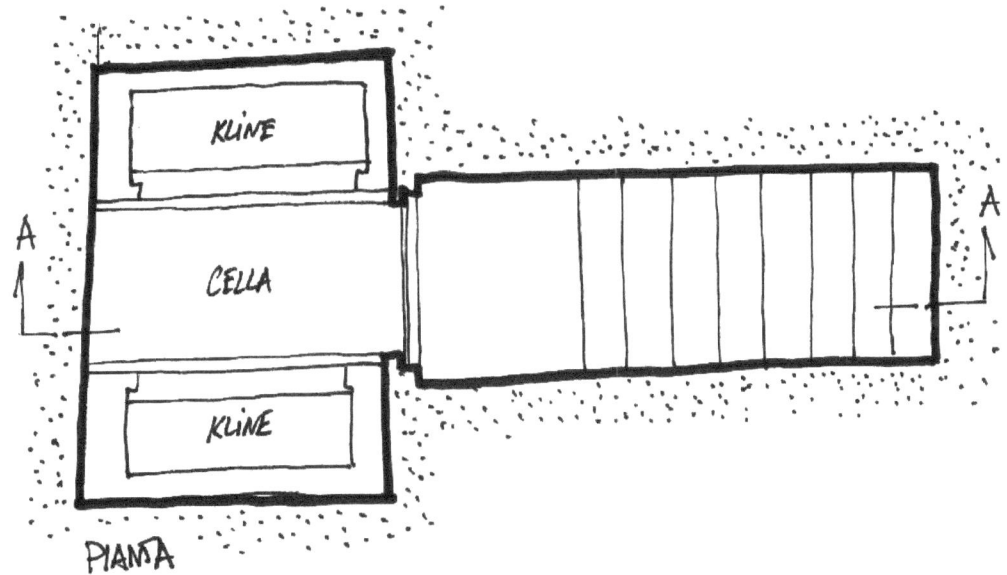

Fig. 10: Tomba a camera di piazza PIO XII: pianta e sezione longitudinale (disegno fuori scala).
— Chamber tomb of piazza PIO XII: plan and longitudinal section (out-of-scale drawing).
[Sezione = Section / Kline = Kline / Cella = Cell / Pianta = Plan]

Fig. 11: Tomba a camera di piazza PIO XII: a) b) particolari di uno dei due klinai, c) la porta a doppio battente, d) resti della copertura della camera. — Chamber tomb of piazza PIO XII: a) b) details of one of the two klinai, c) the double-leaf door, d) the remains of the chamber covering.

governo democratico in nome di una politica contraria al lusso e in favore di una nuova uguaglianza sociale.

L'accesso a questa grande tomba a camera avviene attraverso un *dromos* a nove scalini, posto lateralmente rispetto alla camera funebre; attraverso una porta (forse a due battenti, come nel caso della vicina tomba a camera di piazza Pio XII) si accede al lungo vestibolo a pianta rettangolare su cui si aprono quattro camere affiancate; il fronte delle camere presenta tre semicolonne doriche – adagiate sulla muratura di carparo – su cui poggia la trabeazione con funzione di architrave. Una porta monolitica introduce alla cella che ospitava un solo defunto.

Tracce di colore rosso sono state ritrovate ai lati della semicolonna, così come tracce di colore (rosso azzurro e bianco) sono leggibili nella cornice dipinta sulle pareti delle celle.

Nella prima camera, quella più vicina all'ingresso, un letto funebre è realizzato in unico blocco di carparo, adagiato in direzione est-ovest; nelle altre celle, vi era con ogni probabilità un letto ligneo, visto il ritrovamento delle quattro fossette perimetrali su cui si incastrano i piedi del letto stesso.

Certamente questa tomba a quattro camere, appartenuta a un unico nucleo familiare, ben rappresenta la volontà delle famiglie benestanti di monumentalizzare le sepolture dei propri cari, usanza che si conserverà per tutta l'età ellenistica e anche dopo la conquista di Taranto da parte dei romani nel II secolo a.C.

## 2.5 Le tombe gemine di via Umbria

Le tombe gemine rappresentano uno dei primi esempi di tombe a camera della città, datate negli ultimi decenni del IV secolo, già violate al momento del ritrovamento nel 1955.

umental chamber tombs is interrupted in the fifth century by the democratic government in the name of a policy contrary to luxury and in favour of a new social equality.

The access to this large chamber tomb is via a nine-step *dromos*, located sideways to the funeral chamber; through a door (perhaps a double-leaf door, as in the case of the nearby chamber tomb of piazza Pio XII) one can access the long rectangular vestibule onto which four rooms open side by side; the front of the rooms features three Doric half-columns – placed on the masonry of *carparo* – on which the trabeation rests as architrave. A monolithic door leads to the cell that housed only one deceased.

Traces of red colour have been found on the sides of the half-column, as well as traces of colour (red, blue and white) are visible in the painted frame on the walls of the cells.

In the first room, the one closest to the entrance, there is a funeral bed made of a single block of *carparo*, laid in an east-west direction; in the other cells, there was probably a wooden bed, given the discovery of the four perimeter small pits in which wedge the feet of the bed.

Certainly this four-rooms tomb, belonging to a single family unit, well represents the will of wealthy families to monumentalize the burials of their loved ones, a custom that will be preserved throughout the Hellenistic period and even after the conquest of Taranto by the Romans in the second century BCE.

## 2.5 The twin tombs of via Umbria

The twin tombs represent one of the first examples of chamber tombs of the city, dated in the last decades of the fourth century, already violated at the time of discovery in 1955.

The two twin tombs, side by side, belonged

Fig. 12: La tomba a quattro camere dell'ipogeo di via Pasubio. — The four-chambers tomb of the hypogeum of via Pasubio.

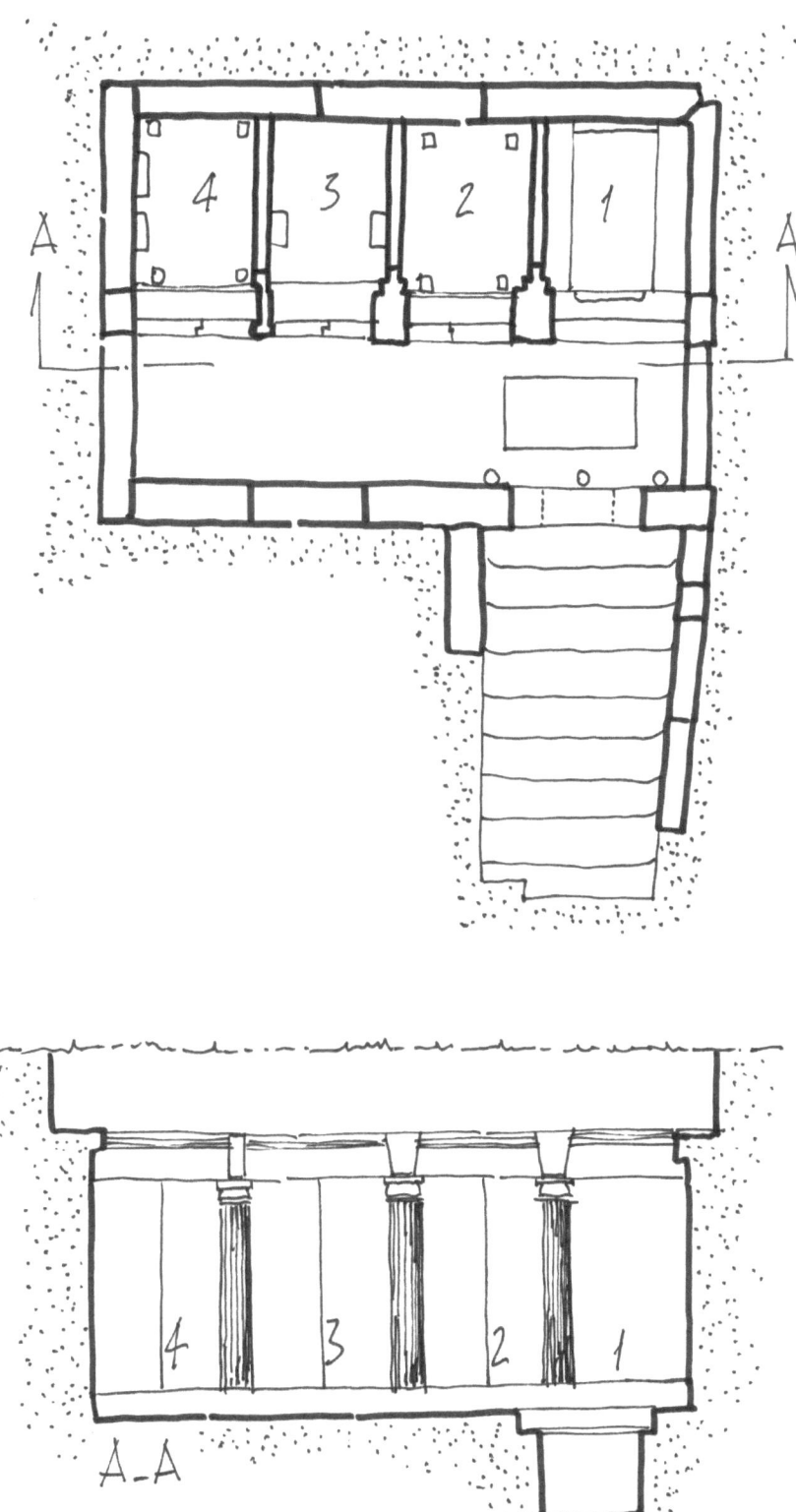

Fig. 13: Ipogeo di via Pasubio: pianta e sezione longitudinale (disegno fuori scala). — Hypogeum of via Pasubio: plan and longitudinal section (out-of-scale drawing).

Le due tombe gemelle (gemine) affiancate e appartenenti alla stessa famiglia, dalle pareti in carparo, intonacate e dipinte prevalentemente con il colore del lutto, il bianco, sono finemente decorate con i colori tradizionali rosso, blu e ocra. L'accesso avviene tramite il *dromos* a gradini; entrambe le camere hanno un letto funebre addossato alla parete di fondo, ad imitazione dei letti in legno delle abitazioni dell'epoca.

Attualmente visitabili solo su richiesta alla Soprintendenza Archeologica della Puglia, le tombe sono state oggetto di uno splendido restauro virtuale a cura del MArTA[7]. L'immagine seguente[8] rappresenta la restituzione 3D del *kline* dipinto basato sullo studio interdisciplinare.

to the same family; they feature walls in *carparo*, plastered and painted mainly with the colour of mourning, white, and are finely decorated with traditional red, blue and ochre colours. Their access is via the stepped *dromos*; both rooms have a funeral bed leaning against the back wall, imitating the wooden beds of the houses at the time.

Currently open to the public only upon request to the Soprintendenza Archeologica of Apulia, the tombs have been the subject of a splendid virtual restoration by the MArTA[7]. The following image[8] represents the 3D rendering of the painted *kline* based on the interdisciplinary study.

---

[7] Il Progetto **MArTA Racconta. Storie virtuali di tesori nascosti** è nato con l'obiettivo precipuo di rendere 'accessibili' e fruibili nel Museo Nazionale Archeologico di Taranto (MArTA), attraverso un'installazione di Realtà Virtuale, alcuni monumenti funerari ipogei della città antica. A tal fine è stato creato un sistema che permette di visitare in remoto monumenti rinterrati o inaccessibili, offrendo una fruizione integrata delle relative documentazioni storico-archeologiche ovunque conservate. La visita virtuale si basa sulle restituzioni 3D di alcune tombe a camera di età ellenistica, i cui corredi funerari sono conservati o esposti nel MArTA. Sono stati restituiti alla fruizione tre complessi monumentali della vasta necropoli tarantina che, sebbene ancora conservati *in situ* nel tessuto insediativo moderno, presentano serie difficoltà di accesso, in quanto raggiungibili solo attraverso proprietà private. I tre monumenti scelti sono stati le Tombe Gemine di via Sardegna, l'Ipogeo dei Festoni di via Crispi e l'Ipogeo delle Gorgoni di via Otranto (*testo tratto dal sito web del Museo Archeologico di Taranto*).

[8] Immagine tratta da "*Fruizione di contesti archeologici inaccessibili. Il progetto MARTA Racconta*", a cura di Francesco Gabellone, Maria Teresa Giannotta, Antonietta Dell'Aglio, Lecce 2014.

[7] The Project **MArTA tells... Virtual stories of hidden treasures** was created with the main objective of making some hypogeal funerary monuments of the ancient city 'accessible' and available in the National Archaeological Museum of Taranto (MArTA), through an installation of Virtual Reality. To this end, a system has been created that allows remote visits to buried or inaccessible monuments, offering an integrated use of the related historical-archaeological documentation, wherever stored. The virtual visit is based on the 3D recreation of some Hellenistic period's chamber tombs, whose grave goods are kept or exhibited in MArTA. Three monumental complexes of the vast Taranto necropolis have been made available which, although still preserved *in situ* in the modern settlement, are hardly accessible, since they can only be reached through private properties. The three monuments chosen are the Twin Tombs of via Sardegna, the Hypogeum of the Festoons in via Crispi and the Hypogeum of the Gorgons in via Otranto (*text taken from the website of the Archaeological Museum of Taranto*).

[8] Image taken from "*Fruizione di contesti archeologici inaccessibili. Il progetto MArTA Racconta*", ed. by Francesco Gabellone, Maria Teresa Giannotta, Antonietta Dell'Aglio, Lecce 2014.

Fig. 14: Tombe gemine di via Umbria: ricostruzione 3D (da "Il progetto MArTA racconta") e pianta (disegno fuori scala) — Twin tombs of via Umbria: 3D reconstruction (from "Il progetto MArTA racconta") and plan (out-of-scale drawing).

## 2.6 La tomba dell'atleta

Splendidamente allestita nella sala VII del MArTA dedicata alla cultura funeraria dei primi decenni del V sec. a.C., la tomba dell'atleta è stata rinvenuta in via Genova nel 1959 e testimonia, come nel caso della grande tomba a sette sarcofagi rinvenuta in via Crispi (tomba degli atleti), la cultura per l'atletismo della Taranto greca[9].

Si tratta di un sarcofago in pietra locale con copertura a due lastre di pietra a spiovente con dente d'incastro, scorrevoli lungo il margine superiore del sarcofago; in origine era decorato con i colori rosso, azzurro e nero, oggi purtroppo andati perduti.

All'interno del sarcofago è sistemato il *kline* in tavole di legno inchiodate su cui era adagiato il corpo del defunto. All'interno il ritrovamento dello scheletro ha permesso l'identificazione di un uomo di circa 30-40 anni dedito alla pratica sportiva.

Come corredo funebre è stato ritrovato un *alabastro,* usato per contenereolii e unguenti propedeutici alle gare. Come illustrano le immagini e i disegni che seguono, ai quattro lati del sarcofago sono posizionate altrettante anfore (anfore panatenaiche) che contenevano l'olio sacro degli uliveti attici, date in premio ai giochi ateniesi che si svolgevano ogni quattro anni e che ospitavano atleti provenienti da ogni parte del mondo greco.

Il ritrovamento delle splendide anfore panatenaiche a figure nere, di corredo alla tomba, non determina con assoluta certezza che l'uomo avesse effettivamente vinto le gare rappre-

---

[9]Nella stessa sala è esposto un sarcofago femminile in carparo dello stesso periodo della tomba dell'atleta, di forma rettangolare con cuscino in corrispondenza di uno dei due lati corti del rettangolo. Ritrovato in via Nitti nel 1960 durante alcuni lavori edili, presenta una raffinata decorazione stilizzata con fiori di loto, colori rosso e azzurro.

## 2.6 The tomb of the athlete

Beautifully set up in the room VII of MArTA dedicated to the funerary culture of the first decades of the fifth century BCE, the tomb of the athlete was found in via Genova in 1959 and proves, as in the case of the great tomb with seven sarcophagi found in via Crispi (the tomb of the athletes), the culture for the athletics in the Greek Taranto[9].

It is a sarcophagus in local stone with a covering of two sloping stone slabs with an interlocking tooth, sliding along the upper edge of the sarcophagus; originally it was decorated in red, blue and black, but unfortunately the colours today are lost.

Inside the sarcophagus is placed the *kline* in nailed wooden planks on which the body of the deceased was laid. Inside, the discovery of the skeleton has allowed the identification of a man about 30-40 years old and dedicated to sports.

As grave goods an alabastron was found, used to contain oils and ointments preparatory to the competitions. As shown by the following images and drawings, on the four sides of the sarcophagus there are as many amphorae (panathenaic amphorae) that contained the sacred oil of the Attic olive groves, given as prizes to the Athenian games that took place every four years and hosted athletes coming from every part of the Greek world.

The discovery of the splendid black-figured panathenaic amphorae, grave goods of the tomb, does not determine with absolute certainty that the man had actually won the

---

[9]In the same room there is a female sarcophagus in *carparo* of the same period of the tomb of the athlete, rectangular in shape with a pillow corresponding to one of the two short sides of the rectangle. Found in via Nitti in 1960 during some construction works, it has a refined stylized decoration with lotus flowers, red and blue colours.

sentate sulle anfore (pentathlon, pugilato e corsa delle quadrighe), in quanto, come abbiamo già sottolineato, le anfore panatenaiche venivano utilizzate come corredo funebre non solo per gli atleti che le avevano vinte, ma anche per altri defunti solo per attestarne lo status sociale aristocratico. Oltre alle discipline atletiche, sulle anfore è rappresentata l'immagine della dea "Atena combattente".

competitions represented on the amphorae (pentathlon, boxing and race of the quadrigas) since, as we have already pointed out, the panathenaic amphorae were used as funeral items not only for the athletes who had won them, but also for other deceased, just to attest to their aristocratic social status. In addition to the athletic disciplines, the image of the goddess "fighting Athena" is represented on the amphorae.

Fig. 15: La tomba dell'atleta esposta al Museo Archeologico di Taranto. — The tomb of the athlete exhibited at the Archaeological Musem of Taranto.

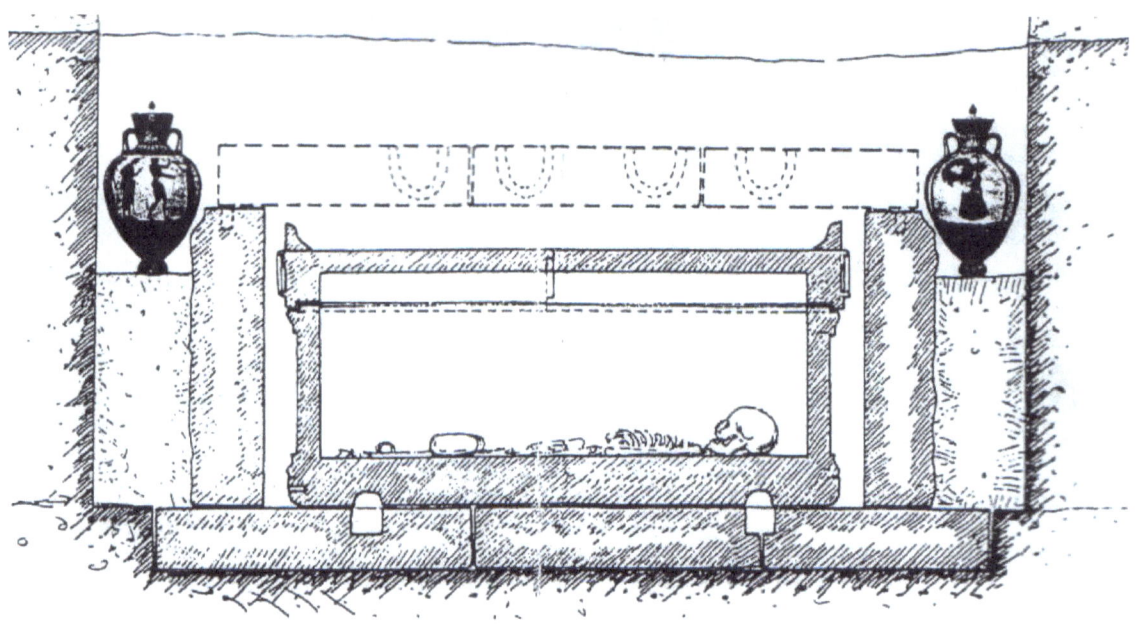

Fig. 16: Sezione longitudinale della tomba dell'atleta esposta al Museo Archeologico di Taranto. — Longitudinal section of the tomb of the athlete exhibited at the Archaeological Musem of Taranto.

## 3 L'epoca romana e paleocristiana

Il III sec. a.C. è per Taranto l'inizio della decadenza: dopo la famosa sconfitta che i tarantini, aiutati da Pirro, subiscono da parte delle truppe romane, la città diviene un satellite della futura caput mundi, perdendo il suo potere e la sua ricchezza.

Si conservano ancora l'Acropoli, le mura greche e gli edifici monumentali; se ne ha certezza grazie ad alcuni ritrovamenti di mura di epoca romana nella città vecchia. Il limite orientale della città romana è un arco che, da sud a nord, si estende dall'attuale ospedale civile fino a via Crispi.

L'ampia necropoli romana è nettamente separata dalle *insulae*, forse, come sembrano dimostrare i resti scoperti nell'area prospiciente l'Arsenale Militare – gli ipogei di Piazza

## 3 The roman and palaeochristian period

The third century BCE marks the beginning of Taranto's decline: after the famous defeat that the Tarantines, aided by Pyrrhus, suffered by the Roman troops, the city becomes a satellite of the future caput mundi, losing its power and wealth.

The Acropolis, the Greek walls and the monumental buildings are still preserved; it is certain thanks to some findings of Roman walls in the old city. The eastern limit of the Roman city is an arch that, from south to north, extends from the current civil hospital to Via Crispi.

The wide Roman necropolis is distinctly separated from the *insulae*; perhaps, as the

Fig. 17: Ricostruzione dello schema viario romano della città. — Reconstruction of the roman road scheme of the city.

d'Armi – divisa dall'abitato residenziale attraverso un muro. Sicuramente sorgono aree pubbliche ed edifici sacri dedicati alle divinità romane (Tempio di Vesta e di Diana), citati dagli autori classici e presenti su alcune epigrafi ritrovate in alcune campagne di scavi otto-novecentesche.

Nell'attuale sito del borgo si è riconosciuto il tracciato del *decumanus*, ricalcando il tracciato dell'attuale via Plateja – la via larga dei greci – che porta fuori dalla città. Si può soltanto supporre l'esistenza di un cardo, non essendone stata ritrovata alcuna traccia.

Durante la costruzione dei nuovi quartieri residenziali tra la fine dell'Ottocento e i primi decenni del secolo scorso, altri mosaici sono stati rinvenuti in via Duca degli Abruzzi e in Piazza Immacolata.

In età Augustea cominciano i lavori delle *Thermae Pentascinensis* – alimentate probabilmente dalle acque provenienti da Saturo attraverso un acquedotto i cui resti sono ancora visibili – e dell'Anfiteatro, i cui resti sono invece nascosti dall'attuale mercato coperto.

Dell'avvento del Cristianesimo e della conseguente fondazione della Chiesa cristiana si ha notizia da alcuni simboli sacri incisi su lucerne, mancando quasi completamente epigrafi.

Data la scarsezza delle fonti è difficile tentare una stima delle cose e delle persone, ma la città deve apparire come l'ombra della antica *polis* greca; gli esempi di sepolture romane e paleocristiane sono alquanto sporadici e frammentari.

L'inumazione continua ad essere la pratica di seppellimento più diffusa anche se comincia ad essere affiancata dall'incinerazione, più usata dai romani almeno sino all'età tardo-repubblicana quando la nuova religione cristiana tornerà a preferire la pratica del seppellimento.

Una nuova tipologia di sepoltura, detta ad arcosolio, ovvero sepolcro arcato, viene utiliz-

remains found in the area facing the Military Arsenal – the hypogea of Piazza d'Armi – seem to show, it was separated from the residential area by a wall. Surely there are public areas and sacred buildings dedicated to the Roman deities (Temple of Vesta and Diana), cited by the classical authors and mentioned on some epigraphs found during some archaeological seasons between the eighteenth and twentieth centuries.

The layout of the *decumanus* has been identified in the current site of the village, tracing the route of the current via Plateja – the broad street of the Greeks – that leads out of the city. One can only assume the existence of a cardo, since no trace of it was found.

During the construction of the new residential areas between the end of the nineteenth century and the first decades of the last century, other mosaics were found in via Duca degli Abruzzi and Piazza Immacolata.

In the age of Augustus the works of the *Thermae Pentascinensis* begin – probably fed by the waters coming from Saturo through an aqueduct whose remains are still visible – and of the Amphitheatre, whose remains are hidden by the current indoor market.

Our knowledge on the advent of Christianity and on the consequent foundation of the Christian Church comes from some sacred symbols engraved on oil lamps, since epigraphs are almost completely missing.

Given the scarcity of the sources it is difficult to try to estimate things and people, but the city must look like the shadow of the ancient Greek *polis*; the examples of Roman and palaeochristian burials are rather sporadic and fragmentary.

The interment continues to be the most widespread burial practice even if also the cremation begins to appear, the more used by the Romans at least until the late Republican Age when the new Christian religion will again prefer the practice of burial.

zata già nelle sepolture romane per poi espandersi nelle catacombe dell'arte paleocristiana.

Compaiono per la prima volta nella storia le iscrizioni sulle stele funerarie; brevi testi, spesso abbreviazioni di formule ricorrenti, invocano gli Dei (*adprecatio*) affinché assistano il defunto nel mondo dei morti. Contengono anche frasi che testimoniano l'affetto che i parenti nutrivano per il caro estinto, oltre al nome del defunto stesso, l'indicazione dell'età e del luogo di sepoltura; a volte appare anche il nome di chi realizzava la stele, insieme al grado di parentela o alla natura del rapporto che questi aveva con il defunto.

Nell'antica Roma vengono utilizzate differenti e numerose tipologie sepolcrali: dalle tombe semplici a fossa e a pozzetto, per i defunti appartenenti alle classi sociali più povere, al mausoleo, edificio funebre dall'aspetto monumentale riservato ai patrizi, attraverso il cippo e la stele (tipologia monumentale di piccole dimensioni), i sepolcri a camera costruiti a livello stradale e a camera ipogea.

Le sepolture possono avvenire per una sola persona, per una famiglia e per un nutrito gruppo di defunti (colombari) e possono essere costruite, come abbiamo visto, a livello del piano di campagna oppure sotto terra, per accogliere il corpo del defunto o le sue ceneri.

A Roma le tombe sono costruite sulle principali strade consolari. In ogni caso, sempre fuori dalle mura cittadine, in base a una delle leggi delle dodici tavole promulgate nel 450 a.C.[1]; tale legge risponde certamente ad esigenze di carattere sanitario e, nel caso della cremazione, riduce la possibilità di incendio all'interno dell'urbe.

Le epitaffi che si leggono sulle tombe descrivono la carriera militare o politica, l'attività commerciale del defunto, i suoi successi, lo

A new type of burial, called arcosolium, i.e. arched sepulchre, is already used in Roman tombs and then spread to the catacombs of the palaeochristian art.

Inscriptions on funerary steles appear for the first time in history; short texts, often abbreviations of recurring formulas, invoke the gods (*adprecatio*) to assist the deceased in the world of the dead. They also contain phrases that bear witness to the affection that the relatives nurtured for the beloved one, in addition to the name of the deceased himself, the indication of the age and place of burial; sometimes there is also the name of the person who provided the stele, along with the degree of kinship or the nature of the relationship that said person had with the deceased.

In ancient Rome different and numerous sepulchral typologies are used: from the simple pit and well tombs, for the dead belonging to the poorer social classes, to the mausoleum, a monumental funeral building reserved for patricians, as well as the stone and the stele (monumental type of small dimensions), and the chamber tombs built at street level and in hypogeal chamber.

The burial can be done for one person, for a family and for a large group of dead (columbaria) and can be built, as we have seen, at the ground level or underground, to accommodate the body or the ashes of the deceased.

In Rome the tombs are built on the main consular roads; in any case, always outside the city walls, according to one of the laws of the twelve tables promulgated in 450 BCE[1]; the law certainly reflects health needs and, in the case of cremation, reduces the possibility of fire inside the city.

The epitaphs on the tombs describe the military or political career, the commercial activ-

---

[1] *TABULA X*: "*nomine mortum in urbe ne sepelito neve urito*" (non si seppellisca né si cremi all'interno della città alcun morto).

[1] *TABULA X*: "*nomine mortum in urbe ne sepelito neve urito*" (do not bury or cremate any dead inside the city).

stato civile, l'età, fino all'elogio delle virtù fisiche e morali. A volte gli rivolgono frasi poetiche[2]:

> All'adorabile, benedetta anima di L. Sempronio Fermo.
>
> Ci conoscemmo, e amammo ciascun l'altro fin dalla fanciullezza: ci sposammo ed una empia mano ci separò improvvisamente.
>
> Oh, terribili dei, siate benevoli e clementi con lui, e consentitegli di apparirmi nelle silenziose ore della notte.
>
> Ed anche consentitemi di condividere il suo destino, che noi possiamo essere riuniti dolcemente e celermente.

Sulla tomba di un liberto è stato rinvenuto questo testo:

> Eretto a memoria di Memmio Claro dal suo co-liberto Memmio Urbano.
>
> Io so che mai ci fu l'ombra di un dissapore tra me e te. Mai una nuvola passò sopra la nostra comune felicità. Io giuro agli dei del cielo e degli inferi che noi lavorammo lealmente e amorevolmente insieme, che noi fummo resi liberi dalla schiavitù nello stesso giorno e nella stessa casa: niente avrebbe mai potuto separarci eccetto questa fatale ora.

Alcune iscrizioni tipiche delle epigrafi recitano: *"Deis manibus sacrum"* (sacro agli dei Mani), iscrizione pagana di invocazione ai morti.

Con l'avvento della religione cristiana l'usanza della cremazione viene sempre meno

---

[2]Gli epitaffi si riferiscono a sepolture ritrovate a Roma e riportate in "Pagan and Cristian Rome" di Rodolfo Lanciani.

ity and achievements of the deceased, marital status, age, up to the praise of physical and moral virtues. Sometimes they include poetic phrases[2]:

> To the adorable, blessed soul of L. Sempronius Firmus.
>
> We knew, we loved each other from childhood: married, an impious hand separated us at once.
>
> Oh, infernal Gods, do be kind and merciful to him, and let him appear to me in the silent hours of the night.
>
> And also let me share his fate, that we may be reunited lovingly and rapidly.

On the tomb of a freedman this text was found:

> Erected to the memory of Memmius Clarus by his co-servant Memmius Urbanus.
>
> I know that there never was the shade of a disagreement between thee and me: never a cloud passed over our common happiness. I swear to the gods of Heaven and Hell, that we worked faithfully and lovingly together, that we were set free from servitude on the same day and in the same house: nothing would ever have separated us, except this fatal hour.

Some typical inscriptions of the epigraphs read: *"Deis manibus sacrum"* (sacred to the gods Manes), pagan inscription of invocation to the dead.

---

[2]The epitaphs refer to burials found in Rome and reported in "Pagan and Cristian Rome" by Rodolfo Lanciani. The English version is quoted from the edition of The Riverside Press, Cambridge 1893.

utilizzata, fino a scomparire del tutto nel IV sec. d.C.

I cristiani adottano numerose tipologie pagane, quali le camere ipogee ed i sarcofagi ma la più diffusa, peculiare di questa religione, consiste nell'inumazione in sepolcri ipogei collettivi, le catacombe.

Le catacombe sono formate da gallerie sotterranee, tanto da sembrare dei veri labirinti e possono raggiungere complessivamente molti chilometri. Sulle pareti tufacee di questo intricato sistema di gallerie vengono scavate file di nicchie rettangolari, chiamate loculi, di varie dimensioni, che possono contenere un solo cadavere, ma non è infrequente il caso che contengano i corpi di due o più persone.

La sepoltura dei primi cristiani è estremamente semplice e povera. Sull'esempio di Cristo, i cadaveri vengono avvolti in un lenzuolo o sindone, senza la cassa. I loculi vengono quindi chiusi con lastre di marmo o nella maggior parte dei casi, con tegole fissate con malta. Sulla lastra viene talvolta scritto il nome del defunto, con un simbolo cristiano o l'augurio di pace nel cielo. Spesso accanto alle tombe vengono poste lucernette ad olio o vasetti con profumi.

Per la loro sistemazione in file soprapposte le une sulle altre, le tombe danno l'idea di un vasto dormitorio, chiamato cimitero (luogo di riposo). In questo modo i cristiani affermano la loro fede nella risurrezione dei corpi. Oltre ai loculi ci sono altri tipi di tombe: l'arcosolio, il sarcofago, la tomba a pavimento (*formae*), il cubicolo e la cripta.

L'arcosolio, tipica del III e IV secolo, è una nicchia scavata nella parete molto più grande del loculo, con un arco sovrastante, solitamente a tutto sesto e la lastra di marmo posta orizzontalmente. Generalmente l'arcosolio serve come tomba per un'intera famiglia.

Il sarcofago, come in epoca greca, è un'urna di pietra o di marmo, di solito ornata con sculture in rilievo o con iscrizioni.

With the advent of the Christian religion, the custom of cremation is increasingly used, until it disappears completely in the fourth century CE.

The Christians adopt numerous pagan typologies, such as the hypogeal chambers and the sarcophagi, but the most widespread, peculiar of this religion, is the burial in collective hypogeal sepulchres, the catacombs.

The catacombs are composed of underground tunnels, so much so that they look like real labyrinths and can be many kilometres long in total. Rows of rectangular niches, called loculi, of various sizes, are dug in the tufaceous walls of this intricate system of tunnels; they can contain only one corpse, but it is not uncommon that they contain the bodies of two or more people.

The burial of the first Christians is extremely simple and poor. Following the example of Christ, the corpses are wrapped in a sheet or shroud, without the casket. The loculi are then closed with slabs of marble or, in most cases, with tiles fixed with mortar. Sometimes the name of the deceased, with a Christian symbol or the wish for peace in heaven is written on the slab. Often next to the tombs are placed oil lamps or jars with perfumes.

For their arrangement in rows placed on top of each other, the tombs convey the idea of a vast dormitory, called cemetery (resting place). In this way Christians affirm their faith in the resurrection of bodies. Besides the loculi there are other types of tombs: the arcosolium, the sarcophagus, the floor tomb (*formae*), the cubicle and the crypt.

The arcosolium, typical of the third and fourth centuries, is a niche carved into the wall, much larger than the *loculus*, with an arch above it, usually a pointed arch, and the slab of marble placed horizontally. Generally the arcosolium serves as a tomb for an entire family.

Le tombe a pavimento, dette *formae*, sono scavate nel pavimento delle cripte, dei cubicoli o delle gallerie. Se ne trovano in gran numero vicino alle tombe dei martiri.

I cubicoli (camere), sono piccole stanze, vere tombe di famiglia con una capacità di vari loculi. L'uso di una tomba di famiglia non è, come si potrebbe pensare, un privilegio riservato solo ai ricchi. I cubicoli e gli arcosoli sono frequentemente decorati con affreschi che riprendono scene bibliche e che riproducono i temi del Battesimo, dell'Eucaristia e della Risurrezione.

La cripta (il termine latino *crypta* significa nascosto) è una camera o spazio ipogeo molto grande che contiene più tombe, decorate e abbellite da pitture e mosaici; in seguito, nell'architettura medievale, le cripte saranno poste al di sotto del pavimento delle chiese per contenere le tombe, o le reliquie, dei santi e dei martiri.

## Il rito funebre nel mondo romano e paleocristiano

Il rituale romano prevede che il maschio più anziano della casa, il *pater familias*, venga chiamato al capezzale del moribondo con il compito di chiudere gli occhi al morente e di raccoglierne l'ultimo alito vitale. Ha così inizio la *conclamatio*, il lamento funebre intonato dai parenti che, a gran voce, invocano il nome del defunto per dargli l'estremo saluto.

L'appartenenza al ceto determina le modalità della sepoltura. Se l'estinto non è abbiente, ma di condizione povera, lo stesso giorno del decesso il cadavere viene portato alla sepoltura dai *vespillones* (trasportatori) e cremato o inumato a spese di associazioni costituite a tale scopo, che provvedono anche alla costruzione di cimiteri comuni.

The sarcophagus, as in the Greek era, is a stone or marble urn, usually adorned with relief sculptures or inscriptions.

The *formae* is a tomb carved into the floor of the crypts, cubicles or galleries. They are found in large numbers near the tombs of the martyrs.

The cubicles (chambers) are small rooms, true family tombs with a capacity of various loculi. The use of a family tomb is not, as one might think, a privilege reserved only for the rich. The cubicles and the arcosolia are frequently decorated with frescoes that reproduce biblical scenes and the themes of the Baptism, the Eucharist and the Resurrection.

The crypt (the Latin term *crypta* means hidden) is a very large hypogeal chamber or space containing several tombs, decorated and embellished with paintings and mosaics; later, in medieval architecture, the crypts will be placed below the floor of the churches to contain the tombs, or relics, of saints and martyrs.

## The funeral rite in the roman and palaeochristian world

The Roman ritual requires that the eldest male of the house, the *pater familias*, be called to the bedside of the dying person with the task of closing the eyes of the dying and to collect the last vital breath. Thus begins the *conclamatio*, the funeral lamentation intoned by the relatives who, in a loud voice, invoke the name of the deceased as a final greeting.

The belonging to a certain class determines the methods of burial. If the departed is not rich, but of poor condition, the same day of death the corpse is brought to the burial by the *vespillones* (carriers) and cremated or buried at the expense of associations established for

Se l'estinto è di origine nobile o patrizia, il rito funebre viene invece affidato a professionisti, veri e propri impresari di pompe funebri chiamati *libitinarii*. Anche se non esiste una descrizione diretta dei riti funebri, si suppone che comprendano una processione pubblica alla tomba o alla pira funeraria (sulla quale il corpo viene cremato) durante la quale i partecipanti portano maschere con le fattezze del defunto. Il corpo del defunto, lavato e cosparso di unguenti e profumi, rivestito con la *toga*, corrispondente al suo ruolo, viene esposto per più giorni nell'atrio della casa, fra corone e fiori. Una monetina, l'obolo per Caronte, veniva posta sotto la sua lingua.

Al termine della processione, quando il corteo giunge nel Foro, viene pronunciata la *laudatio funebris* del defunto. Il feretro, in cui il defunto è adagiato scoperto, viene trasportato a spalla dai congiunti mentre mimi, danzatori e suonatori di corno o di tibia aprono il corteo seguiti dai portatori di fiaccole e dalle *préfiche*, donne che cantano lamenti funebri e lodi all'estinto. Parenti e amici seguono il corteo.

L'inumazione, per lo più riservata ai poveri e agli schiavi, si diffonde particolarmente con il Cristianesimo; più comune è la cremazione. Il defunto, collocato sulla *pira* con gli oggetti che gli erano stati cari in vita, viene consegnato al fuoco dopo che gli sono stati aperti e richiusi gli occhi e dato l'estremo bacio.

Nove giorni dopo la sistemazione definitiva della salma ha luogo una festa (*coena novendialis*) in occasione della quale sulla tomba vengono versati vino o altre bevande di pregio. Poiché la cremazione è la scelta prevalente, le ceneri, dopo essere state cosparse di vino e di latte e poste nell'unguento e nel miele, vengono raccolte in un'urna funeraria circolare con l'iscrizione del nome del defunto, deposta in una nicchia ricavata in un sepolcro collettivo chiamato *columbarium* (colombaia).

Poiché il mondo dei vivi deve essere separato da quello dei morti, è proibito sotterrare i defunti all'interno della città. Le necro-

this purpose, which also provide for the construction of common cemeteries.

If the extinct is of noble or patrician origin, the funeral rite is instead entrusted to professionals, real undertakers called *libitinarii*. Although there is no direct description of the funeral rites, it is assumed that they include a public procession to the tomb or funeral pyre (on which the body is cremated) during which the participants wear masks with the features of the deceased. The body of the deceased, washed and sprinkled with ointments and perfumes, covered with the *toga*, corresponding to the role of the departed, is displayed for several days in the atrium of the house, among wreaths and flowers. A small coin, the donation for Charon, was placed under the tongue of the departed.

At the end of the procession, when it reaches the Forum, the *laudatio funebris* of the deceased is pronounced. The coffin, in which the deceased is lying uncovered, is carried on the shoulder by the relatives while mimes, dancers and horn or tibia players open the procession followed by torch bearers and *préfiche*, women who sing funeral laments and praises of the extinct. Relatives and friends follow the procession.

The inhumation, mostly reserved for the poor and the slaves, spread especially with Christianity; cremation is more common. The deceased, placed on the pyre with the objects that had been dear during life; the departed's eyes are opened, then closed, and then the departed is delivered to the fire after a last kiss.

Nine days after the final arrangement of the body a party (*coena novendialis*) takes place, during which wine or other valuable drinks are poured onto the grave. Since cremation is the prevailing choice, the ashes, after being sprinkled with wine and milk and placed in ointment and honey, are collected in a circular funerary urn with the inscription of the name of the deceased, and placed in a niche obtained in a collective sepulchre called *columbarium*

poli sono situate extra moenia, con qualche eccezione per le tombe dei patrizi, rappresentate da grandiosi monumenti sepolcrali anche all'interno delle mura cittadine.

I primi cristiani si radunano presso la tomba del caro estinto in occasioni prestabilite come ricorrenze della nascita o della morte, per celebrare banchetti "assieme" al defunto, il quale si ritiene possa in qualche modo parteciparvi, tanto da dotare le tombe di fori che consentano l'introduzione di cibo e vino.

In realtà questa pratica era già in uso nel mondo pagano, ma la nuova concezione cristiana induce a sostituire il termine pagano di banchetto con quello cristiano di *refrigerium*, inteso come momento di refrigerio e quindi sollievo e ristoro dal punto di vista fisico e spirituale dato al defunto attraverso l'attuazione delle pratiche rituali.

Il pasto sacro, da offrire e condividere con il defunto, è costituito principalmente da capre, maiali, pollame, uova e pesce; il pasto funebre in parte viene consumato sulle lastre di copertura delle sepolture, molto probabilmente cucinato all'interno della necropoli, in parte deposto all'interno della tomba.

Il banchetto è predisposto con le risorse di cui la famiglia può disporre ma ha anche una forte valenza simbolica: per i primi cristiani, infatti, l'uovo e il pesce rappresentano le tipologie di offerta funebre per eccellenza. La rappresentazione figurata del pesce, ad esempio, può rappresentare il Cristo, assicurando al defunto la nuova vita, cioè la risurrezione[3].

È interessante notare come il *refrigerium* sia di fatto sopravvissuto anche nelle società moderne; basti pensare all'usanza, in molte culture, del pranzo comunitario presso la fami-

(dovecote).

Since the world of the living must be separated from that of the dead, it is forbidden to bury the dead within the city. The necropolises are located outside the city walls, with some exceptions for the patrician tombs, represented by grandiose sepulchral monuments even within the city walls.

The first Christians gather at the tomb of the beloved one on pre-established occasions such the anniversaries of birth or death, to celebrate banquets "together" with the deceased, who is believed to participate in some way, so much so that the tombs are equipped with holes that allow the introduction of food and wine.

Actually this practice was already in use in the pagan world, but the new Christian concept induces to replace the pagan term of banquet with the Christian term of *refrigerium*, meant as a moment of refreshment and therefore relief and physical and spiritual comfort given to the deceased through the implementation of ritual practices.

The sacred meal, to be offered and shared with the deceased, consists mainly of goats, pigs, poultry, eggs and fish; the funeral meal is partly consumed on the slabs covering the burials, most probably cooked inside the necropolis, and partly deposited inside the tomb.

The banquet is prepared with the resources that the family can dispose of, but also has a strong symbolic value: for the first Christians, in fact, the egg and the fish represent the types of funeral offer par excellence. The figurative representation of a fish, for example, can represent Christ assuring the deceased the new life, that is, the resurrection[3].

---

[3] Basti ricordare che il pesce è stato considerato la raffigurazione simbolica di Gesù Cristo, poiché in greco la parola "pesce" (ichthus) era costituita dalle seguenti lettere: I-X-Θ-Υ-Σ, che rappresentano anche l'acronimo di Gesù (I= Ἰησοῦς) Cristo (X= Χριστός) Figlio (Υ= Υἱός) di Dio (Θ= Θεοῦ) Salvatore (Σ= Σωτήρ). Tratto da [14].

[3] One need only remember that fish has been considered the symbolic representation of Jesus Christ because in Greek the word "fish" (ichthus) was formed by the following letters: I-X-Θ-Υ-Σ, which represent the acronym of Jesus (I = Ἰησοῦς) Christ (X = Χριστός) Son (Υ = Υἱός) of God (Θ = Θεοῦ) Saviour (Σ = Σωτήρ). From [14].

glia del defunto o alla tradizione della Chiesa greco-ortodossa di distribuire dolci a base di miele al termine della liturgia dei defunti.

It is interesting to note that the *refrigerium* has actually survived even in modern societies; one needonly think of the custom, in many cultures, of the community lunch at the family of the deceased or the tradition of the Greek Orthodox Church to distribute honey-based sweets at the end of the liturgy of the dead.

## 3.1 L'ipogeo Delli Ponti

L'Ipogeo Delli Ponti è il racconto di oltre duemila anni di storia della città attraverso una straordinaria stratificazione architettonica: dalle stanze nobiliari settecentesche del palazzo fatto costruire dai fratelli Delli Ponti si scende per alcuni metri sotto il piano stradale verso le mura greche datate V sec. a.C., attraversando uno straordinario complesso funerario, completamente scavato nel banco roccioso, risalente al periodo paleocristiano (IV-V sec. d.C.), composto da dieci tombe ad arcosolio scavate nelle pareti, oltre a undici tombe a fossa.

Si colloca esattamente in corrispondenza della scarpata che definisce il dislivello tra la parte alta e la parte bassa dell'isola ed è, assieme al sito ritrovato in via Cava, l'unico ipogeo con destinazione funeraria riscontrato fino ad oggi nella città vecchia.

Questo importante ritrovamento dimostra che la parte terminale della lunga penisola protesa tra i due mari, che in epoca greca e romana era stata utilizzata quasi esclusivamente per funzioni pubbliche e religiose, viene, in epoca paleocristiana, utilizzata anche a scopi funerari.

Il rinvenimento è avvenuto durante i lavori di ristrutturazione del palazzo del secolo scorso. I resti delle mura greche testimoniano la presenza di una cinta muraria che circondava l'Acropoli; si tratta del paramento della corti-

## 3.1 The Delli Ponti hypogeum

The Delli Ponti Hypogeum is the tale of over two thousand years of the city's history through an extraordinary architectural stratification: from the eighteenth-century aristocratic rooms of the palace built by the Delli Ponti brothers, one can go down for some meters below the street level towards the Greek walls dated V century BCE, passing through an extraordinary funerary complex, completely dug in the rocky bank, dating back to the palaeochristian period (forth-fifth century CE), consisting of ten arcosolium tombs dug in the walls, as well as eleven pit graves.

It is located exactly in correspondence of the slope that defines the difference in height between the upper and lower part of the island and is, together with the site found in via Cava, the only hypogeum with funerary purpose found until today in the old city.

This important finding shows that the terminal part of the long peninsula stretched out between the two seas, which in Greek and Roman times had been used almost exclusively for public and religious functions, is, in the palaeochristian period, also used for funerary purposes.

The discovery took place during the renovation of the palace in the last century. The remains of the Greek walls testify to the presence of city walls that surrounded the Acropolis; it is the wall surface of the external curtain

na esterna delle mura, costruita in blocchi di *carparo* murati di testa.

Gli Arcosoli, costituiti da una tomba chiusa da lastre di marmo o in muratura, inseriti in una nicchia sormontata da un arco a tutto sesto, erano molto probabilmente, in origine, ricoperti da uno strato di intonaco tinteggiato di bianco e giallo, con le deposizioni collocate in tombe a cassa, scavate nel banco roccioso. Tipologia tipica del primo cristianesimo, testimoniano la presenza in città di una nutrita comunità cristiana.

Le tombe a fossa, a pianta rettangolare, sono disposte in gruppi di tre e hanno subìto numerosi saccheggi probabilmente già dal Medioevo.

All'esterno delle deposizioni sono stati ritrovati oggetti in ceramica e lucerne con simboli cristiani, utilizzati probabilmente durante le cerimonie funebri che prevedevano il *refrigerium*.

Il sito è stato utilizzato, a partire dal VI sec. d.C., anche a scopi abitativi occasionali, come magazzino e successivamente, fino alla costruzione del palazzo Delli Ponti nel XVIII secolo, come discarica di materiali di risulta, testimoniato dai ritrovamenti di anfore per il trasporto di cibi e vino e vari oggetti di uso comune.

Attualmente, purtroppo, il sito non è accessibile in quanto è stato oggetto di atti vandalici già dal 2014 ed è in attesa del recupero da parte dell'amministrazione comunale, che ne è il proprietario.

## 3.2 La cripta del Redentore

La cripta del Redentore è in origine un'antica tomba a camera romana di età imperiale del I-II sec. d.C., a pianta rettangolare, collegata con una grotta che contiene un antico pozzo d'acqua sorgiva; lungo le pareti sono disposte sei nicchie contenenti le ceneri dei defunti.

of the walls, built in blocks of *carparo* laid end to end.

The Arcosolia, consisting of a tomb closed by marble or masonry slabs, inserted in a niche surmounted by a round arch, were most probably originally covered with a layer of white and yellow painted plaster, and the depositions were placed in chest tombs, dug in the rocky bank. Typical typology of early Christianity, they testify to the presence in the city of a large Christian community.

The pit graves, with a rectangular plan, are arranged in groups of three and have suffered numerous looting probably since the Middle Ages.

Outside the depositions ceramic objects and oil lamps with Christian symbols have been found, probably used during the funeral ceremonies that provided for the *refrigerium*.

The site has been used, starting from the sixth century CE, also for occasional housing purposes, as warehouse and subsequently, until the construction of the Delli Ponti palace in the eighteenth century, as a dumping ground for waste materials, proved by the findings of amphorae for the transport of food and wine and various objects of everyday usage.

Currently, unfortunately, the site is not accessible because it has been the subject of vandalism since 2014 and is awaiting restoration by the municipal administration, which is its owner.

## 3.2 The crypt of the Redeemer

The crypt of the Redeemer is originally an ancient Roman chamber tomb of the imperial period, first-second century CE; it features a rectangular plan and is connected with a cave containing an ancient well of spring water;

Fig. 18: Ipogeo Delli Ponti. — Delli Ponti hypogeum.

La leggenda narra che l'apostolo Pietro si sarebbe fermato nella grotta per battezzare i tarantini; forse è proprio grazie a quella leggenda che il luogo viene riadattato all'uso del culto della nuova religione, scavando l'abside lungo la parete est e decorando le pareti con affreschi di rilevante valore artistico, tra i quali spiccano quelli raffiguranti il "Cristo Pantocratore tra San Giovanni e la Vergine" nell'abside e le figure di Santi e (forse) Profeti nelle pareti laterali[4].

La costruzione dell'abside provoca il danneggiamento delle due nicchie presenti su quella parete, il cui taglio è ben visibile nell'immagine seguente.

La tradizione afferma che nella cripta è stato celebrato il primo culto cristiano secondo la liturgia bizantina.

La cripta, interamente scavata nel banco roccioso a cinque metri sotto il piano di campagna, è collocata sotto la Chiesa medievale di Santa Maria di Murivetere; dopo il XIII sec. viene abbandonata per parecchi secoli e chiusa al culto nel XVI sec. da Monsignor Lelio Brancaccio[5] nella famosa visita pastorale alle chiese della città; riaperta nel XVII sec. per la devozione dei tarantini, viene definitivamente interrata fino alla sua riscoperta, avvenuta nel 1899, da parte dell'archeologo Luigi Viola, il fondatore del Museo Archeologico di Taranto.

Nel 1967, a causa di una continua erosione e in occasione dei lavori dovuti all'espansione urbanistica della città, la copertura viene sfondata e l'intero complesso rischia di essere interrato e morire per sempre.

Fortunatamente nel 1973, a seguito della

along the walls there are six niches containing the ashes of the dead.

Legend has it that the apostle Peter would stop in the cave to baptize the Tarantines; perhaps it is thanks to the legend that the place is adjusted to the use of the cult of the new religion, by excavating the apse along the east wall and decorating the walls with frescoes of significant artistic value, among which those depicting the "Christ Pantocrator between St. John and the Virgin" in the apse and the figures of Saints and (maybe) Prophets on the side walls[4].

The construction of the apse causes damage to the two niches of that wall, whose cut is clearly visible in the following image.

Tradition has it that the first Christian cult according to the Byzantine liturgy was celebrated in the crypt.

The crypt, entirely dug in the rocky bank five meters below the ground level, is located under the medieval church of Santa Maria di Murivetere; after the thirteenth century it is abandoned for several centuries and closed to the cult in the sixteenth century by Monsignor Lelio Brancaccio[5] in the famous pastoral visit to the churches of the city; reopened in the seventeenth century for the devotion of the Tarantines, it is permanently buried until its rediscovery, which took place in 1899, by the archaeologist Luigi Viola, the founder of the Archaeological Museum of Taranto.

In 1967, due to a continuous erosion and during the works for the urban expansion of the city, the covering is broken down and the whole complex is in danger of being buried and die forever.

Fortunately, in 1973, following the denun-

---

[4]L'affresco del Cristo Pantocratore tra San Giovanni e la Vergine e le figure di Santi e Profeti (?) risalgono agli inizi del XII sec. d.C.

[5]Lelio Brancaccio, nato a Napoli nel 1537, è stato Arcivescovo di Taranto dal 1574 al 1599.

[4]The fresco of Christ Pantocrator between Saint John and the Virgin and the figures of Saints and Prophets (?) date back to the early twelfth century CE.

[5]Lelio Brancaccio, born in Naples in 1537, was Archbishop of Taranto from 1574 to 1599.

denuncia di alcuni studiosi[6], il Comune di Taranto acquisisce l'area e nel 1979 il Consiglio Comunale approva e porta a termine un primo intervento di restauro per il recupero della cripta, con il consolidamento e la salvaguardia della struttura; purtroppo il restauro degli affreschi pittorici non viene realizzato e il tempo sta cancellando queste rilevanti pitture medievali.

---

[6]La denuncia viene effettuata da R. Caprara, C. D'Angela, V. Farella e P. Massafra.

## 3.3 L'ipogeo di via Cava

La via Cava, così chiamata in quanto letteralmente cavata (scavata) nel banco roccioso, veniva utilizzata nell'antichità come luogo di estrazione del principale materiale da costruzione, il carparo.

Unica strada ad andamento tortuoso in una scacchiera piuttosto regolare, presenta numerosi ipogei, principalmente utilizzati come magazzini e depositi; lungo la strada, a poche decine di metri dall'ipogeo funerario, sono stati ritrovati anche uno splendido frantoio – con vasche di decantazione dell'olio scavate nella roccia fino a sei metri sotto il piano della strada greco-romana – ed una fornace ipogea per la produzione delle ceramiche in terracotta.

L'ipogeo funerario è composto da due grandi ambienti messi in comunicazione da un ampio passaggio voltato e contiene tombe ad arcosolio, tipologia di sepoltura tipica dei primi cristiani, databili III-V sec. d.C.

L'analisi della stratigrafia archeologica e delle strutture murarie permette di datare l'originario scavo di questo ipogeo al periodo greco, come mostrano i tagli di cava della parete di fronte all'ingresso del primo ambiente[7].

---

[7]Nella parete frontale sono stati ritrovati alcuni fossili, la cui presenza ha aiutato gli studiosi nella datazione degli strati.

ciation of some scholars[6], the Municipality of Taranto acquires the area and in 1979 the City Council approves and completes a first restoration for the recovery of the crypt, with the consolidation and protection of the structure; regrettably the restoration of the pictorial frescoes is not realized and time is erasing these important medieval paintings.

---

[6]The complaint is made by R. Caprara, C. D'Angela, V. Farella and P. Massafra.

## 3.3 The hypogeum of via Cava

The Via Cava, so called as literally *cavata* (dug) in the rocky bank, was used in antiquity as a place of extraction of the main building material, the *carparo*.

The only winding road in a rather regular chessboard, it presents numerous hypogea, mainly used as warehouses and deposits; along the road, a few tens of meters from the funerary hypogeum, were also found a beautiful oil mill – with tanks for decanting the oil, dug into the rock up to six meters below the level of the Greek-Roman road – and an hypogeal furnace for the production of terracotta ceramics.

The funerary hypogeum is composed of two large rooms connected by a wide vaulted passage and contains arcosolium tombs, typology of burial typical of the early Christians, datable third-fifth century CE.

The analysis of the archaeological stratigraphy and of the wall structures allows us to date the original excavation of this hypogeum to the Greek period, as shown by the quarry cuts on the wall opposite the entrance to the first room[7].

---

[7]In the front wall some fossils have been found, whose presence has helped the scholars in the dating of the strata.

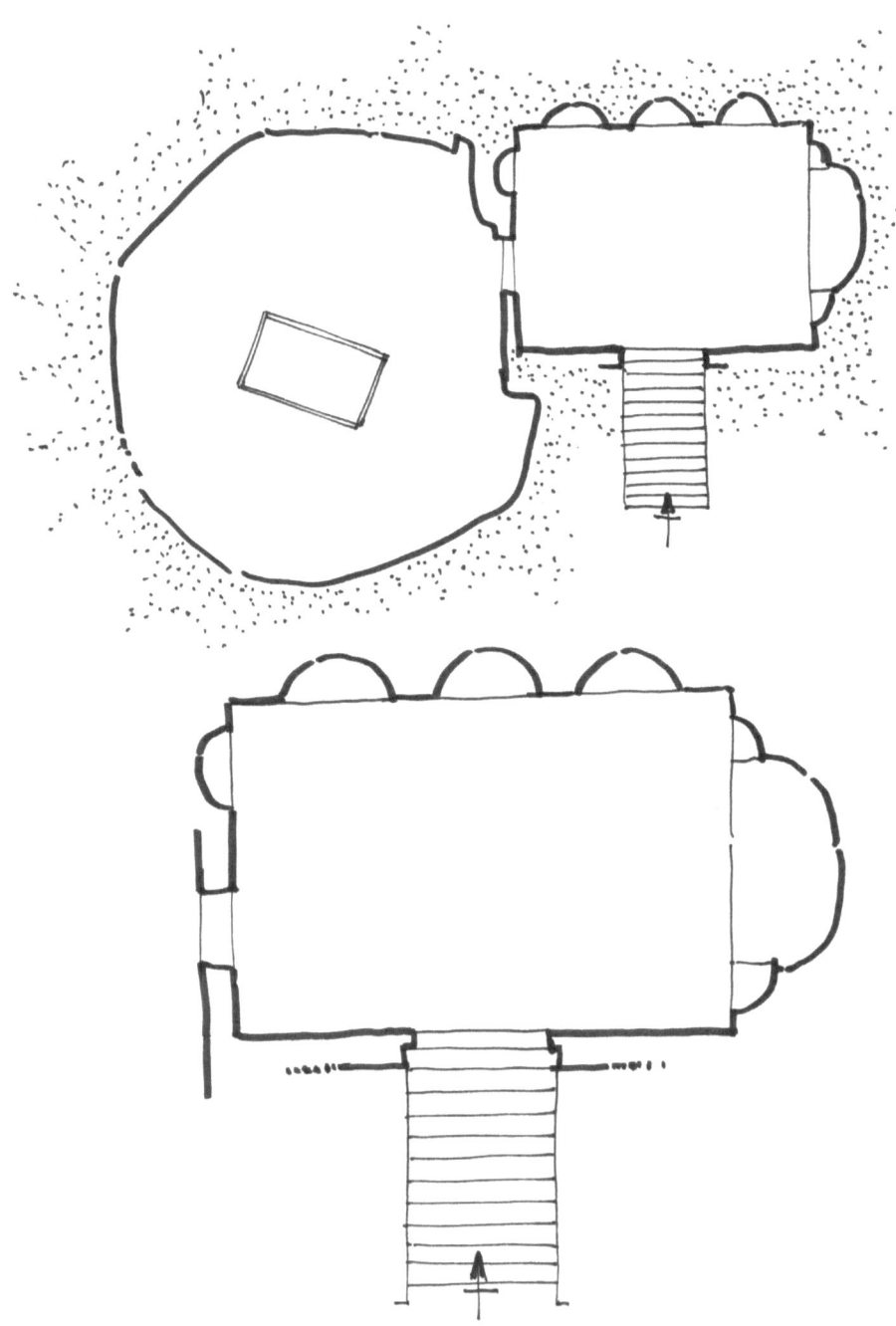

Fig. 19: Cripta del Redentore: pianta (disegno fuori scala) — Crypt of the Redeemer: plan (out-of-scale drawing).

Fig. 20: La cripta del Redentore — The crypt of the Redeemer.

Fig. 21: Cripta del Redentore: particolare dell'affresco laterale all'abside (figura di Santo o Profeta) — Crypt of the Redeemer: detail of the fresco on the side of the apse (figure of Saint or Prophet).

Nei secoli successivi all'utilizzo funerario, anche di questi ambienti viene fatto un uso di tipo abitativo e commerciale, come nella maggior parte delle costruzioni ipogee della città.

Da sottolineare il perfetto restauro conservativo delle arcate e della copertura con volta a botte del secondo ambiente.

## 3.4 La necropoli di Piazza d'Armi

Durante i lavori di sistemazione dell'area antistante l'ingresso dell'Arsenale Militare del 1901 e successivamente, nel 1911, durante la posa delle fondamenta di alcuni edifici, viene alla luce un ampio settore della necropoli greco-romana; è stato possibile ricostruire la datazione, grazie al ritrovamento dei corredi funerari e delle decorazioni pittoriche delle pareti delle tombe ipogee, di questo ambito dedicato alla sepoltura dei defunti, tra il II sec. a.C. ed il II sec. d.C.

Durante la prima campagna di scavi vengono ritrovate un centinaio di tombe, sia a inumazione sia a cremazione; nel 1911 si scoprono altre sette tombe a camera raggruppate e riccamente decorate. La tomba più rappresentativa è quella situata all'angolo tra via Di Palma e via Crispi, identificata come tomba XI, la cui porta di chiusura in carparo è del tipo a saracinesca – come nella maggior parte delle tombe a camera anche di epoca precedente – al di sopra della quale è rappresentato *Hermes Psycopompos* che accompagna un defunto nell'aldilà. Questa porta viene esposta, sin da allora[8], nel Museo Archeologico.

---

[8]Si cita il testo della didascalia che accompagna l'allestimento della porta all'interno del MArTA: "PIAZZA D'ARMI. TOMBA A CAMERA XI, 1911 (seconda metà del II sec. a.C.) – PORTA DIPINTA IN CARPARO: sulla lastra di chiusura dell'ipogeo, Hermes Psycopompos, a sinistra, con piedi alati e caduceo nella mano destra, conduce agli inferi il defunto. Panneggiato nell'ampio mantello, con ramo di palma nella mano destra."

In the centuries following the funerary use, also these environments are used for residential and commercial purposes, as in most of the city's hypogeal buildings.

It is worth underlining the perfect conservative restoration of the arches and the barrel-vaulted covering of the second room.

## 3.4 The necropolis of Piazza d'Armi

During the remodelling of the area in front of the entrance to the Military Arsenal of 1901 and later, in 1911, during the laying of the foundations of some buildings, a large sector of the Greco-Roman necropolis came to light; thanks to the discovery of the grave goods and the pictorial decorations of the walls of the hypogeal tombs, it was possible to establish the dating of this area dedicated to the burial of the dead, between the second century BCE and the second century CE.

During the first excavation season a hundred graves are found, both of the interment and the cremation type; in 1911 seven other chamber tombs, grouped and richly decorated, are discovered. The most representative tomb is the one located on the corner between via Di Palma and via Crispi, identified as the tomb XI, whose *carparo* closing door is of the gate type – as in most chamber tombs also from previous period – above which is represented *Hermes Psycopompos* who accompanies a deceased in the afterlife. This door has been exhibited ever since in the Archaeological Museum[8].

---

[8]Quoting the text of the caption that accompanies the display of the door inside the MArTA: "PIAZZA D'ARMI. CHAMBER TOMB XI, 1911 (second half of the second century BCE) - PAINTED CARPARO DOOR: on the closing slab of the hypogeum, Hermes Psycopompos, on the left, with winged feet and caduceus in the right hand, leads the deceased to the underworld. With drapery of the broad mantle, and a palm branch in the right hand."

Fig. 22: Ipogeo di via Cava: arcosolio — Hypogeum of via Cava: arcosolium.

Fig. 23: Individuazione degli ipogei di via Cava e in basso veduta dell'ipogeo. — Identification of the hypogea of via Cava [Fornace ipogea = Hypogeal furnace / Frantoio ipogeo = Hypogeal olive-mill / Ipogeo funerario = Funerary hypogeum]; bottom, view of the hypogeum.

Fig. 24: Arcosoli nell'ipogeo di via Cava. — Arcosolia in the hypogeum of via Cava.

Del gruppo delle sette tombe a camera ritrovate, la camera IX è provvista di un ingresso a scalini su uno dei due lati corti della pianta rettangolare, coperta con lastroni di carparo nel numero di sei e chiusa con un monolite dipinto; le pareti interne presentano una decorazione affrescata con un festone a ghirlande, fiori e grappoli d'uva, mentre il letto, addossato alla parete di fondo, presenta due cuscini.

La storia di questo sito archeologico ha davvero dell'incredibile: l'allora Direttore del Museo di Taranto, Quintino Quagliati, noto archeologo, cerca di salvaguardare l'importante rinvenimento contro gli interessi di speculatori edilizi che, evidentemente, si battevano per portare avanti i lavori di costruzione dei nuovi edifici multipiano previsti dall'ampliamento urbanistico della città, a discapito del sito archeologico.

Propone alla Direzione alle Antichità e Belle Arti – antenata delle moderne Soprintendenze – di smontare le tombe appena rinvenute e ricostruirle fedelmente nell'area dei giardini di villa Beaumont (attuale Villa Peripato), ma la Direzione alle Antichità, due anni dopo la scoperta, boccia la proposta del Quagliati e ordina la distruzione delle tombe.

Soltanto la tomba IX riesce ad essere smontata per essere ricostruita nei giardini del Museo di Taranto; alla morte dell'archeologo, nel 1932, anch'essa viene distrutta per far posto alla costruzione della nuova ala del Museo; si conclude in questi termini definitivi un triste capitolo della ricerca archeologica tarantina.

Out of the group of the seven chamber tombs, the chamber IX is provided with a stepped entrance on one of the two short sides of the rectangular plan; it is covered with six *carparo* slabs and closed with a painted monolith; the interior walls feature a frescoed decoration with a festoon, flowers and bunches of grapes, while the bed, set against the back wall, has two pillows.

The story of this archaeological site is truly incredible: the then Director of the Museum of Taranto, Quintino Quagliati, well-known archaeologist, tries to safeguard the important finding against the interests of property speculators who, obviously, fight to carry on the construction of the new multi-storey buildings planned in the framework of the urban expansion of the city, to the detriment of the archaeological site.

He proposes to the Direzione alle Antichità e Belle Arti – ancestor of the modern Soprintendenza – to dismantle the newly discovered tombs and accurately rebuild them in the gardens of villa Beaumont (now Villa Peripato), but the Direzione alle Antichità, two years after the discovery, rejects the proposal of Quagliati and orders the destruction of the tombs.

Only the tomb IX can be dismantled to be rebuilt in the gardens of the Taranto Museum; after the death of the archaeologist, in 1932, it too is destroyed to make way for the construction of the new wing of the Museum; a sad chapter of the archaeological research in Taranto so ends definitively.

Fig. 25: Localizzazione del sito di Piazza d'Armi. — Location of the Piazza d'Armi site [Arsenale militare = Military dockyard / Tombe a camera = Chamber tombs / Ipogeo di Piazza d'Armi = Hypogeum of Piazza d'Armi]

Fig. 26: Foto d'epoca dello scavo in località Piazza d'Armi. — Historic photos of the excavation in Piazza d'Armi.

Fig. 27: La porta dipinta della tomba a camera XI, esposta al Museo Archeologico di Taranto. — The painted door of the chamber tomb XI, exhibited at the Archaeological Musem of Taranto.

# Fonti delle illustrazioni — Sources of illustrations

| | | |
|---|---|---|
| 1 | Immagine dell'autore. — Author's image. | 7 |
| 2 | Immagine dal web. — From web. | 11 |
| 3 | Foto dell'autore, 2018. — Author's photo, 2018. (*) | 23 |
| 4 | Foto dell'autore, 2018. — Author's photo, 2018. (*) | 24 |
| 5 | Foto dell'autore, 2018. — Author's photo, 2018. (*) | 25 |
| 6 | Disegno dell'autore. — Author's drawing. | 26 |
| 7 | Foto dell'autore, 2018. — Author's photo, 2018. (*) | 28 |
| 8 | Foto dell'autore, 2018. (foto in alto *, foto in basso **) — Author's photo, 2018. (top photo *, bottom photo **) | 29 |
| 9 | Disegno dell'autore. — Author's drawing. | 30 |
| 10 | Disegno dell'autore. — Author's drawing. | 33 |
| 11 | Foto dell'autore, 2018. — Author's photo, 2018. (*) | 34 |
| 12 | Immagine dal web. — From web. | 36 |
| 13 | Disegno dell'autore. — Author's drawing. | 37 |
| 14 | Immagine dal web, disegno dell'autore. — Image from web, drawing by author. | 39 |
| 15 | Foto dell'autore, 2018. — Author's photo, 2018. (**) | 41 |
| 16 | Disegno da http://tarantosotterranea.it/. — Drawing from http://tarantosotterranea.it/. | 42 |
| 17 | Immagine dal web. — From web. (*) | 43 |
| 18 | Immagini dal web. — From web. (*) | 53 |
| 19 | Disegno dell'autore. — Author's drawing. | 56 |
| 20 | Foto dell'autore, 2018. — Author's photo. (*) | 57 |
| 21 | Foto dell'autore, 2018. — Author's photo. (*) | 58 |
| 22 | Foto dell'autore, 2018. — Author's photo, 2018. (*) | 60 |
| 23 | In alto immagine dell'autore, in basso foto dell'autore, 2018 (*). — Author's image at top, author's photo, 2018 (*), at bottom. | 61 |
| 24 | Foto dell'autore, 2018. — Author's photo, 2018. (*) | 62 |
| 25 | Immagine dell'autore. — Author's image. | 64 |
| 26 | Immagini dal web. — From web. | 65 |
| 27 | Foto dell'autore, 2018. — Author's photo, 2018. (**) | 66 |

(*) Su concessione del Ministero per i Beni e le Attività Culturali – Soprintendenza archeologica delle arti e paesaggio per le province di Brindisi, Lecce e Taranto.

Upon permission of the Ministry for Cultural Heritage and Activities – Archaeological Superintendence of Arts and Landscape for the provinces of Brindisi, Lecce.

(**) Su concessione del Museo Archeologico di Taranto – Avvertenza di divieto di ulteriore duplicazione o riproduzione con qualsiasi mezzo.

Upon permission of the Archaeological Museum of Taranto – Warning of prohibition of further duplication or reproduction by any means.

# Bibliografia

[1] Associazione Antropologica Italiana, *"La necropoli di età classica di Via Marche a Taranto: l'analisi antropologica"*, in Antropologia Contemporanea, volume 20, settembre 1997, Angelo Pontecorboli Editore.

[2] Cooperativa Novelune scarl, *"Itinerari archeologici: Taranto Greca e Romana"*, Scorpione Editrice, 2013.

[3] Cosenza Donato, *"Quando le Chiese di Taranto erano anche luoghi di sepoltura: le Chiese intra moenia"*, in "Atti del 2°Congresso Specialistico Internazionale sui Cimiteri Monumentali: Conoscenza, Conservazione e Restyling", CICOP Editore, 2013.

[4] D'Amore Bianca, *"Un Vescovo una città"*, Artigrafiche Pugliesi, 1983.

[5] D'Aquino Tommaso Niccolò, *"Delle Delizie tarantine"*, libro IV, Arnolfo Forni editore, 1771 (opera postuma).

[6] De Gregorio Nello e De Vitis Silvia, *"Ipogei a Taranto"*, Mandese Editore, 2016.

[7] De Vincentiis Domenico Ludovico, *"Storia di Taranto"*, Tipografia Latronico, 1878.

[8] Farella Vittorio, *"La città vecchia di Taranto"*, Samarcanda Edizioni, 1988.

[9] Gabellone Francesco, Giannotta Maria Teresa, Dell'Aglio Antonietta (a cura di), *"Fruizione di contesti archeologici inaccessibili. Il progetto MArTA Racconta"*, Lecce, 2014

# References

[1] Associazione Antropologica Italiana, *"La necropoli di età classica di Via Marche a Taranto: l'analisi antropologica"*, in Antropologia Contemporanea, volume 20, september 1997, Angelo Pontecorboli Editore.

[2] Cooperativa Novelune scarl, *"Itinerari archeologici: Taranto Greca e Romana"*, Scorpione Editrice, 2013.

[3] Cosenza Donato, *"Quando le Chiese di Taranto erano anche luoghi di sepoltura: le Chiese intra moenia"*, in "Atti del 2°Congresso Specialistico Internazionale sui Cimiteri Monumentali: Conoscenza, Conservazione e Restyling", CICOP Editore, 2013.

[4] D'Amore Bianca, *"Un Vescovo una città"*, Artigrafiche Pugliesi, 1983.

[5] D'Aquino Tommaso Niccolò, *"Delle Delizie tarantine"*, book IV, Arnolfo Forni editore, 1771 (posthumous work).

[6] De Gregorio Nello e De Vitis Silvia, *"Ipogei a Taranto"*, Mandese Editore, 2016.

[7] De Vincentiis Domenico Ludovico, *"Storia di Taranto"*, Tipografia Latronico, 1878.

[8] Farella Vittorio, *"La città vecchia di Taranto"*, Samarcanda Edizioni, 1988.

[9] Gabellone Francesco, Giannotta Maria Teresa, Dell'Aglio Antonietta (edited by), *"Fruizione di contesti archeologici inaccessibili. Il progetto MArTA Racconta"*, Lecce, 2014

[10] Lanciani Rodolfo, *"Pagan and Christian Rome"*, Houghton, Mifflin and Company, Boston and New York, 1892.

[11] Peluso Giacinto, *"Storia di Taranto"*, Scorpione Editrice, 2005 (seconda edizione).

[12] Polibio, *"Storie"* (libro III), Edizioni Rizzoli, Milano, 1961.

[13] Porsia Franco e Scionti Mauro, *"Le città nella storia d'Italia: Taranto"*, Laterza Edizioni, 1989.

[14] Solinas Anna Maria, Laboratorio di Archeozoologia, Dipartimento di Beni Culturali, Università del Salento, *"Testimonianze di pratiche di refrigerium nella necropoli paleocristiana di Vaste (Poggiardo, Lecce)"* in "Atti del 7°Convegno Nazionale di Archeozoologia" a cura di U. Thun Hohenstein, M. Cangemi, I. Fiore, J. De Grossi Mazzorin.

[15] Unione Editori Cattolici Italiani (a cura di), *"Codice di Diritto Canonico"*, U.E.L.C.I., 1983.

[16] Wuilleumier P., *"Tarente dès origines à la conquete romaine"*, Paris, 1939.

[10] Lanciani Rodolfo, *"Pagan and Christian Rome"*, Houghton, Mifflin and Company, Boston and New York, 1892.

[11] Peluso Giacinto, *"Storia di Taranto"*, Scorpione Editrice, 2005 (second edition).

[12] Polibio, *"Storie"* (libro III), Edizioni Rizzoli, Milano, 1961.

[13] Porsia Franco e Scionti Mauro, *"Le città nella storia d'Italia: Taranto"*, Laterza Edizioni, 1989.

[14] Solinas Anna Maria, Archeozoology Laboratory, Department of Cultural Heritage, University of Salento, *"Testimonianze di pratiche di refrigerium nella necropoli paleocristiana di Vaste (Poggiardo, Lecce)"* in "Atti del 7°Convegno Nazionale di Archeozoologia" edited by U. Thun Hohenstein, M. Cangemi, I. Fiore, J. De Grossi Mazzorin.

[15] Unione Editori Cattolici Italiani (edited by), *"Codice di Diritto Canonico"*, U.E.L.C.I., 1983.

[16] Wuilleumier P., *"Tarente dès origines à la conquete romaine"*, Paris, 1939.

Pagina lasciata intenzionalmente quasi vuota.
This page intentionally left almost blank.

www.ingramcontent.com/pod-product-compliance
Lightning Source LLC
Chambersburg PA
CBHW042018150426

43197CB00002B/68